KB259576

朴鳳煥 文集

# 꼬마각시와 꼬마사랑

著者 朴鳳煥

청어

# 꼬마각시와 꼬마신랑

박봉환 지음

발행처 · 도서출판 **청어**
발행인 · 이영철
영 업 · 이동호
기 획 · 강보임 | 김홍순
편 집 · 김영신 | 김인현
디자인 · 오주연
인 쇄 · 두리터

등 록 · 1999년 5월 3일(제22-1541호)

1판 1쇄 인쇄 · 2009년 3월 1일
1판 1쇄 발행 · 2009년 3월 10일

주소 · 서울시 서초구 서초동 1588-1 신성빌딩 A동 412호
대표전화 · 586-0477
팩시밀리 · 586-0478

블로그 · http://blog.naver.com/ppi20
E-mail · ppi20@hanmail.net
ISBN · 978-89-93563-15-3 （03810）

이 책의 저작권은 도서출판 청어와 저자에게 있습니다.
양측의 서면 동의 없는 무단 전재 및 복제를 금합니다.

# 꼬마각시와 꼬마신랑

홍종기

자유문예문인협회 회장

## 1. 소설 - 「꼬마각시와 꼬마신랑」

단편소설에 몇 시대를 관통하는 줄거리를 담아내기는 쉽지 않다. 그런 시도는 글의 조밀도를 떨어뜨리거나, 과도한 생략으로 독자들에게 지나친 상상력을 강요하기 때문이다. 박봉환의 소설 「꼬마각시와 꼬마신랑」은 몇 시대를 담아내는 단편소설이 빠질 수 있는 그러한 함정을 잘 극복한 수작(秀作)이다.

어린이들의 눈에 비친 일제 강점기에서 시작된 이야기는 이들이 노년(老年)에 이르게 된 현시대까지 우리나라 현대사의 굴곡을 관통하고 있다. 이 긴 세월 동안 우리나라 마지막 천민(賤民)인 동만이와 그의 딸 순이가 겪은 삶에 대한 애환이 소설 전반에 걸쳐 짜임새 있게 엮어져 있다.

'누가 사람 차이를 백지 한 장이라 했는가?' 조선왕조 마지막 임금이 죽었다며 거리마다 애도의 물결이 넘쳐났었다. 마지막 옹주가 죽었다며, 마지막 상궁이 죽었다며 온 나라 언론이 대대적으로 보도했던 적도 있었다. 그러나 천민(賤民) 관습의 마지막 역사인 순이 아범의 죽음은 그 누구 하나 눈길을 주지 않았다. '순이 아범이 본 사람의 차이는 하늘과 땅 차이였으리라'

(중략)

해방 직후 한 손가락으로 오르간의 건반을 두들기며 애국가를 열심히 가르쳐주던 선생님이 느닷없이 빨간 완장을 팔에 두르고 마을 어귀에 나타나 장백산 줄기줄기 하며 북한 공산당의 노래를 가르쳐줄 때에도 봉덕이와 순이는 함께 노래를 배우면서 6 · 25 동란을 겪어야 했었다. 초등학교 운동장 국기 게양대에 태극기, 일장기, 그리고 북한 공산당의 깃발이 번갈아가며 나부낄 때마다 봉덕이와 순이는 두 손을 꼭 잡은 채로 그것들을 물끄러미 바라보곤 했었다. 어린시절 그들은 언제나 함께였었다.

– 「꼬마각시와 꼬마신랑」 중에서


## 2. 소설 - 「행운의 캡틴」


전쟁은 어떤 전쟁이든 처절한 상황을 만들고 그 후유증은 역사 속으로 묻혀가기 마련이다. 우리가 참전했던 월남전은 우리를 변화시킨 하나의 큰 획으로 그어졌다. 경제적으로나 사회적으로나 우리 사회에 많은 변화를 가져왔고 국제사회에서 우리를 보는 눈이 달라졌음은 두말할 나위 없다. 박봉환의 「행운의 캡틴」을 읽다보면 참전용사들의 기억에서 악몽처럼 사라졌던 전쟁의 비린내를 생생하게 맡게 되는데 그것은 작가가 풍부한 직접 경험을 토대로 작품을 사실감 있게 완성했기 때문이다.

제대로 된 소설은 우선 독자가 단숨에 읽을 수 있어야 한다. 이것은 곧 문장의 힘이라고 할 수 있다. 박봉환의 소설 「행운의 캡틴」은 그런 의미에서 제대로 된 소설이라 할 수 있을 것이다. 모든 산문이 그러하지만, 특히 소설은 서사적 구조가 아무리 뛰어나고 풍부한 경험을 쌓았다 해도 문장의 수련이 없이는 좋은 작품을 쓰는 것이 불가능하다. 박봉환의 소설은 서사적 구조도 좋지만, 문장의 힘이 대단하다. 또한, 문장의 힘뿐만 아니라 단편소설은 절정에 가서 독자를 사로잡을 수 있는 플롯(plot)이 중요한 것인데 이를 잘 이루어 낸 소설이다.

나는 이내 입술을 깨물고 단호히 지휘관으로서의 결단을 내렸다. 그것은 전투였다. 살기 위한 싸움. 그러나 그것은 죽음을 각오한 싸움이었다. 나는 있는 힘을 다하여 큰 소리로 외쳐댔다. 내 정신이 아니었다. 교육받은 그대로, 훈련받은 그대로 외쳐댔다. 온종일 닫혀 있던 입을 벌려 말을 하는 절박한 순간이었다.
"사격개시! 사격개시!"

아군뿐만이 아니라 적군에게도 역시 들렸으리라. 우리는 분대장도 소대장도 그리고 탄약병이나 무전병도 가릴 것 없이 마구 사격을 해댔다. 사격을 하는 우리에겐 이미 계급이 없었다. 오로지 한 발의 총알이라도 더 쏘아대야 이길 수 있다는, 아니 살아남을 수 있다는 생각뿐이었다. 지휘관이 사격에 가담하면 그 부대는 망하고 만다는 선배들의 가르침도 이미 나의 뇌리 속에서는 사라지고 없었다. 중대장인 나도 정신없이 쏘아댔다.

(중략)

적진에서 돌아온 병사들은 지금 막 물속에라도 들어갔다 나온 것처럼 온몸이 땀투성이가 되어 있었다. 누구라고도 할 것 없이 소매 깃에서는 물방울이 뚝뚝 떨어지고 있었다. 나는 수색에서 돌아온 병사들을 위로한 다음 정신없이 통신병의 등 뒤에 있는 무전기를 들고 대대 본부를 호출했다. 아마도 습관적으로 송수화기를 손에 잡았는지도 모른다. 대대장, 이 중령의 음성이 무전기의 수화기 속에서 선명하게 흘러나왔다.

"오! 오, 살아 있었구나, 오! 오, 5중대장 살아있었구나!"

그의 떨리는 목소리는 흥분으로 가득하였다. 그러나 나는 아무런 대답도 하지 못했다. 다만, 나는 잠시 두 눈을 가만히 감았다. 사(死)의 지경에서 생(生)의 지경으로 돌아오는 순간들이 지나간 것이다. 그것은 끔찍한 불운 속에서 피어난 기적 같은 행운이었다.

　　　　　　　　　　　　　　－「행운의 캡틴」 중에서

## 3. 수필 - 「추억의 신혼시절」

우리 삶에서 그리움이 없다면 현실이 얼마나 각박할까? 먼 동화 같은 추억의 이야기를 흥미롭게 써내려간 글 솜씨가 매우 단아하면서도 매끄럽다.

"다음은 누구 차례일까? 손가락셈으로 밤새 점액질을 했다"라는 구절에는 남편의 휴가를 간절히 기다리는 아내의 속내가 맛깔스럽게 묻어난다.

(계간 〈만다라문학〉 신인상 수상작 심사평 중 일부)


그곳에는 14가구의 위관(尉官) 급 군인 가족들이 옹기종기 모여 함께 거주하고 있었다. 그들은 하루에 한 차례씩 어린아이들을 데리고 뒷동산에 올라 솔잎을 긁거나 나뭇가지를 잘라와 취사와 난방을 해결해야 했다. 그러나 그런 육체적인 불편함보다도, 산속에서 천막생활을 하는 남편과 떨어져 몇 개월씩 과부 아닌 과부로 혼자 아이들을 키워야 하는 외로움이 젊은 여인들로서는 더 견디기 어려운 일이었다.

　(중략)

영아 엄마는 음식을 준비하느라 이리저리 바쁘게 움직였다. 누구나 할 것 없이 자기 집에서 참기름, 밀가루, 달걀, 채소 등을 조금씩 가지고 와 영아 엄마를 도왔다. 오래간만에 튀김 냄새가 관사 촌을 진동시키고 있었다. 삭막하고 찌들었던 최전방 산골의 조그마한 군인가족 관사 촌에 모처럼 활기가 넘쳐났다. 다음은 누구 차례일까? 젊

은 아낙네들이 삼삼오오 모여앉아 밤새도록 손가락셈으
로 점(占)액질을 했다.

–「추억의 신혼시절」 중에서

## 4. 수필 –「까치의 교훈」

박봉환의 수필 「까치의 교훈」은 나무 위 둥지 속의 새끼들
이 능구렁이에게 공격을 당하는 매우 급한 상황에서 이 위기
를 모면케 하려는 부모 까치의 처절한 울부짖음과 몸부림을
생생하게 묘사하고 있다. 아울러 이 수필에는 침략자 구렁
이에 대한 까치들의 단결된 투쟁을 통해 '뭉치면 살고 흩어
지면 죽는다' 는 교훈을 일깨우는 작가의 삶에 대한 명찰이
녹녹히 녹아 있다. 수필은 짧은 글에 전달하려는 메시지를
명료하게 내포해야 하는 사실 문학이다. 사실적 묘사와 시
사적인 수사가 잘 어우러진 「까치의 교훈」이 수작(秀作)인
이유가 바로 여기에 있다.

그때였다. 어미 까치가 범상(凡常)한 결심을 했다. 눈이
찢어져라 구렁이를 쳐다보더니 양 날개를 반쯤 벌려 아
래위로 두어 차례 펄럭이고 나서 힘차게 하늘 높이 솟아
올랐다. 그러고는 마치 고기를 본 낚시꾼이 쇠창살로 재
빠르게 강물의 물고기를 내리찍듯 구렁이를 향하여 곤두
박질을 치며 내려 꽂히더니 그 구렁이의 목덜미를 사정
없이 물어뜯고는 신속하게 다시 솟구쳐 올랐다.

(중략)

촛불행렬로 뒤덮인 광화문 일대의 뉴스를 접하며 까치와 구렁이의 싸움이 떠올랐다. "뭉치면 살고 흩어지면 죽는다."라는 우리나라 초대 대통령 이승만 박사의 명언(名言)은 상투적 수사(修辭)가 아닌 현실 속의 진리임을 다시 한 번 깨닫는다.

– 「까치의 교훈」 중에서

## 5. 시 - 「큰 숙제」

강대국들의 희생양이 된 한반도, 허리를 잘라 한쪽은 발이 없고 다른 한쪽은 팔이 없다. 분단 60년간 통일을 목이 터지라 외쳤건만, '이데올로기'적 반목이 아직도 우리의 발목을 잡는 슬픈 실정이다.

할아버지는 통일이라는 큰 숙제를 결자해지(結者解之)하지 못하고 아버지에게 대물림했다. 아버지는 이기주의에 끌려 언제나 우왕좌왕하다 통일의 실마리조차 잡지 못했다. 이제 손자들이 이 큰 숙제를 물려받았다. 전장(戰場)의 지휘관으로 큰 숙제를 풀지 못한 아비가 아들에게 유언처럼 남기는 이 시는 비단 시인 한 사람의 염원이 아니기에 큰 반향을 자아낸다.

물려받은 숙제/ 풀어도, 풀어도 안 풀려//
대(代)물림 하려니/ 왜라고 묻지는 마시게//
원망스러워 투덜대도 좋으니/ 지며리 풀어만 주시게//

민족의 한/ 반공 평화 통일//
그 큰 숙제/ 그거 말일세//


– 「큰 숙제」 중에서


6. 시 - 「해바라기 씨 익는 계절」


박봉환의 시 「해바라기 씨 익는 계절」은 해바라기에 생명을 불어 넣은 시심이 비범하고 명징(明澄)하다. 또한 '울'이라든지, '귀뚜리'와 같은 시어는 함축성이 돋보인다. 노란 꽃잎이 떨어지고 난 뒤 드러난 해바라기 검은 씨앗에 대한 시정(詩情) 또한 '흑진주 한 광주리' 등의 표현을 통해 아름답게 은유되었다.

생명의 시간이 점차 저승에 가까워가는 허리 굽은 노인이 가을이 가면 이내 죽어버리는 일년초 해바라기를 보며 생에 대한 아쉬움에 가랑잎만 토닥거리는 장면이 잔잔히 잔상으로 남는 애절한 노래이다.


해바라기 씨 익는 계절/ 동네방네 풍년가 흥겨운데//
죽장 든 저 노인/ 가는 세월 아쉬운 듯 가랑잎만 토닥인다//


– 「해바라기 씨 익는 계절」 중에서


박봉환 작가의 문집을 높이 평가하며 출간을 진심으로 축하드린다.

# c · o · n · t · e · n · t · s


축하의 글(홍종기)

## 소설

꼬마각시와 꼬마신랑 | 16

행운의 캡틴 | 40

종갓집 오형제 이야기 | 62

## 수필

훈장 선생님과 천렵하던 날 | 90

한 편의 습작 시 | 95

추억의 향로봉 | 100

추억의 신혼시절 | 106

태풍 불던 날, 나는 | 111

월남전 회고 | 116

동지와의 대작 | 121

언어(말과 글) | 126

청소년 탈선과 만혼 사상 | 129

까치의 교훈 | 133

북한의 대남전략과 우리의 안보 불감증 | 139

주한미군 작전통제권 환수 후의 가상 시나리오 | 143

고희사 | 147

## 창작시


큰 숙제 | 150

잔인한 축전 | 151

해바라기 씨 익는 계절 | 152

돈치기 왕 | 153

만수무강 | 154

줄다리기 | 155

불청객 | 156

정 | 157

토사구팽 | 158


삶의 흔적 (화보) | 160

작가 후기 | 166

서평 — 이광복 (한국문인협회 소설분과 회장) | 168


〈부록〉

글벗 20인 기증 시 | 172

# 소설

꼬마각시와 꼬마신랑

행운의 캡틴

종갓집 오형제 이야기

# 꼬마각시와 꼬마신랑

　삼복더위가 지난 지 10여 일, 장마가 끝났다는 기상청 발표를 비웃기라도 하듯 연일 많은 비가 내리더니 모처럼 뜨거운 햇살이 이글거리며 온 산하(山河)에 찜통더위가 이어진다.

　이 무더운 한여름 더위에도 등산복 차림을 한 고희(古稀)의 박 노인은 평소와 다름없이 그가 즐겨 찾는 불곡산 정상을 향하여 황소걸음인 양 가파른 오솔길을 한 발, 한 발 내디디며 올라가고 있었다. 해발 312.9m의 불곡산은 경기도 성남시, 용인시, 광주시의 삼각 경계지점에 자리 잡은 나지막한 산으로 항상 많은 등산객으로 북적거린다. 우거진 수목 사이로 등산로와 쉼터가 잘 갖추어져 있고, 각종 운동시설이 적재적소에 적절히 배치되어 있다. 과히 도심 속의 현대판 뒷동산이라 부를 만한 친절한 산이다.

　산행을 나선 지 한 시간여, 박 노인은 정상 부근 가까이에 있는 마지막 쉼터에 도착했다. 소쩍새가 천연기념물 제324호라는 안내를 포함하여 뻐꾸기, 올빼미, 종다리 등 이 산에서 서식하는 날짐승 20여 종의 사진과 설명서가 질서정연하게 진열된 이곳은 그가 으레 쉬어가는 쉼터다. 이 쉼터로부터 산 정상 전망대로 올라가는 왼쪽 길과 약수터로 내려가는 오른쪽 길이 갈린다. 박 노인은 늘 하던 대로 이곳에서 잠시 쉬며 산 정상으로 올라갈까, 계곡 쪽의 약수터로 내려갈까를 정하고자 손가락셈으로 점(占)을 치는 중이었다.

"어! 어! 보옹 더 억이! 아, 아니! 보옹 더억 씨?"

더듬더듬 떨리는 음성으로 누군가가 박 노인의 이름을 불렀다.

'이 산중에서 누가 내 이름을 부르고 있지? 그것도 씨(氏)자를 붙여서?'

분명히 여자의 목소리였다.

'아, 아냐. 내가 잘못 들었겠지. 지금 여기서 씨자를 붙여서 나를 부를 여자가 어디 있담!'

박 노인은 자신의 귀를 의심하면서도 혹시나 하여 이리저리 주변을 살폈다. 저쪽 편 의자에 앉아 있는 한 여자가 박 노인이 서 있는 쪽을 향하여 손짓해댄다. 언뜻 보아 자기 나이 또래였다. 그녀는 벌떡 일어나 왕방울만 한 하얀 눈동자를 빙글빙글 굴려대고 있었다.

마치 놀란 토끼의 모습이라고나 할까?

그녀는 무슨 할 말이라도 있는 것처럼 입을 날름거리고 있었지만, 너무도 뜻밖의 일에 당황하여서인지 입을 열지 못하고 있었다.

"순이! 순이를 여기서! 너 분명히 순이지? 순이 맞지?"

박 노인은 반가운 마음에 어린애 대하듯 그녀의 이름을

마구 불러댔다.

순이는 충청도 첩첩산중의 박자포실(朴自浦室)이라는 농촌 마을에서 태어났다. 박자포실은 전형적인 오지(奧地)의 가난한 조그마한 마을이었다. 박자포실은 밤만 되면 언제나 칠흑 같은 암흑으로 빠져들었다. 석유가 귀하여 등잔불은 특별한 행사가 있을 때만 밝혔다. 학생들은 해가 지기 전에 모든 숙제를 마쳐야만 했다. 농산물의 운반수단은 지게가 고작이었다. 마을 사람들은 마을 한복판에 파놓은 조그마한 우물에서 두레박 한두 개에 의지하여 식수를 해결해야 했다. 사람들 대부분이 구멍이 뻥뻥 뚫린 너덜 가지 옷을 입고 다녔고, 신발은 하나같이 다 해진 짚신을 신고 있었다.

30여 가구의 박자포실은 전형적인 박씨 일가의 씨족마을로 박씨가 아닌 성을 가진 사람은 순이네와 용미 댁이라는 택호(宅號)를 가진 김 씨 집뿐이었다.

순이 아버지는 산지기(지방에 따라 도지기, 문지기 또는 능지기라 부르기도 한다)로 농사를 위한 약간의 전답(田畓)과 그의 가족이 함께 거주할 수 있는 주택을 대여 받는 조건으로, 한식(寒食) 등 각종 종친회 행사의 준비는 물론 박씨 일가의 모든 애·경사를 거드는 일종의 문중(門中) 머슴이었다.

순이 아범과 어멈은 마을 어귀에서 사람들을 만나면 마님, 서방님, 또는 도련님이라 부르면서 허리를 연방 굽실거렸다. 순이 아범보다 10여 년 이상이나 나이가 적은 젊은이들이 "어이, 동만이. 이리 좀 와봐" 하고 부르면 그는 "예, 서방님" 또는 "예, 도련님" 하며 냉큼 그 젊은이에게 달려갔다. 어린아이들이 어른들의 흉내를 내느라 하릴없이 "동만이, 동만이" 하면서 그를 놀려댈 때면 그는 그저 아무것도 못 들은 척하며 자기가 하고 있던 일에만 열중했다.

이미 나라에서는 반상(양반과 상놈)제도가 없어진 지 오래지만, 보수적인 시골 농촌 씨족 마을에까지 미치진 못하였다. 순이 아범이 마을에서 쫓겨나지 않고 산지기로 생계를 유지하려면 어쩔 수 없는 일이었다. 순이 또한 산지기의 딸이라는 이유로 또래들로부터 많은 따돌림을 받았다. 그러나 어린 나이에 걸맞지 않게 그녀는 또래들의 따돌림을 괴의치 않고 구김 없이 살아가고 있었다.

산골 마을의 겨울은 어디나 할 것 없이 매섭다. 봄에 씨 뿌리고 여름 내내 열심히 가꾸어 가을에 수확하고 나면, 어김없이 산과 들에는 눈보라가 내리치며 황량한 들판 위로 매서운 겨울이 찾아든다.


해방 전 1943년 겨울도 그랬다.

하얀 눈이 수북이 쌓인 어느 날, 마을 어귀의 한 모퉁이에서 순이는 두 손으로 눈물을 연방 닦아내며 훌쩍거리고 있었다. 평소의 밝고 명랑한 모습이 아니었다. 텃논 저쪽 논두렁에서 순이 아범이 다른 몇몇 사람들과 함께 양손을 눈 속에 처박고 엎드려서 벌을 받고 있었던 것이다.

윗몸이 발가벗겨진 채 눈보라 속의 허허벌판에서 얼차려를 받는 남자들 앞에는 주재소에서 나온 순사 한 명이 못마땅한 표정으로 서 있었다. 그의 오른손에 들려 있는 묵직한 곤봉은 금방이라도 누군가를 내려칠 기세였다.

면사무소 직원인 듯한 한 젊은이가 서류뭉치를 뒤적거리며 구장(里長)과 무엇인가를 귓속말로 속삭이다가 심사가 뒤틀린 듯 갑자기 허리를 꼿꼿이 세우면서 마을 사람들을 향하여 호통을 쳤다.

"어찌하여 당신들은 대 일본제국을 위한 공출(供出)을 지연시키고 있습니까?"

'공출!'

매서운 한겨울을 굶주리며 근근이 버티어가는 시골 농민들에게는 겨울바람보다도 더 잔인한 단어였다. 글 한 줄 읽지도 쓰지도 못하는 무지렁이 산골 농민들에게는 우리나라를 강제 점령한 왜놈들이 통치자금과 태평양 전쟁을 위해 세금을 징수한다는 데에 대한 민족주의적 반감 따위는 애초에 없었다. 다만, 가뜩이나 없는 살림에 해마다 나라에서 이런저런 명목으로 자꾸 뜯어가니, 어떻게든 안 뺏기려고 필사적으로 버틸 수밖에 없었다.

농민들은 가을걷이가 끝나면 보릿고개를 넘기면서 빌린 장례 빚(꾸어 온 곡식의 원리와 이자)을 무엇보다 먼저 갚아야 한다. 빚을 청산한 농민들은 먹을거리마저 부족한 곡식으로 닥쳐올 춘궁기(春窮期)를 걱정하며 어렵게 지내야 한다. 어려운 줄 빤히 알면서 공출이 며칠 늦어졌다고 처자

식이 눈을 멀뚱멀뚱 뜨고 지켜보는 가운데 벌을 받고 있다
는 현실이 차가운 눈보다도 더 시렸다. 그러나 그들이 가슴
가득 울분을 지니고 있어도 이에 저항할 방법은 전혀 없었
다. 농민들은 겨우내 쌓인 눈 무게에 꺾어지는 나뭇가지보
다도 더 무기력한 존재였다.

"마님! 어떻게 힘 좀 써 주세요."

옆에서 지켜보며 발을 동동 구르던 순이 어멈이 구장에
게 달려들어 애원하자 벌을 받고 있던 남자들의 가족 모두
가 종종걸음을 하며 우르르 구장 옆으로 모여들었다. 구장
은 순사의 눈치를 보며 사람들에게 낮게 일러준다.

"계란 꾸러미하고 씨암탉 말고, 뭐 딴 방법이 있겠어?"

구장의 말이 떨어지기가 무섭게 가족들은 각자의 집으로
달려가 곱게 기른 씨암탉과 계란 꾸러미를 들고 왔다. 하얀
쌀밥에 닭고기 국으로 푸짐한 점심을 대접하겠다는 구장의
말에 일본 순사는 그제야 못 이긴 척 남자들을 얼차려에서
풀어주었다. 그는 한참 거드름을 피우더니 가을 수확 공출
을 조속히 이행하라는 말을 남기고는 구장 집으로 자전거
를 타고 가버렸다.

안쓰럽게 지켜보고 있던 봉덕이가 냉큼 순이에게 다가서
서 팔을 잡아당겨 일으켜 세우며 눈물을 닦아주었다.

"순이야, 울지 마. 이제 괜찮아."

봉덕이와 순이는 싸리나무를 듬성듬성 얽어놓은 나지막
한 담장 사이의 이웃으로 틈만 나면 서로 만나서 소꿉장난
하는 단짝 친구였다.

어른들은 매일같이 동트기가 무섭게 일터로 나갔다. 어른들이 일터에서 돌아와서 저녁 밥상을 차려줄 때까지 온종일 함께 지냈다. 봉덕이와 순이에게 점심은 사치였다. 그저 부엌에 있는 누룽지나 꺼내 먹는 정도였다. 어른들이 없는 시골집에서 허기진 배를 움켜쥐고 온종일을 버텨야 하는 이들에게는 서로의 존재가 너무나 소중했다.

순이 어멈은 마을의 각종 행사에 불려 다니면서 온갖 궂은일을 해준 후 조금씩 얻어온 부스러기 떡이나 과일 등 먹을거리가 있을 때면 항상 봉덕이를 먼저 챙겼다. 봉덕 어멈은 그러는 순이 어멈을 고맙게 생각하며 반상 관계를 따지지 않고 순이 어멈을 살갑게 대했다.

사실 봉덕이와 순이가 싸우지 않고 친하게 지낼 수 있었던 것도 어머니들의 이런 관계에 바탕을 둔 것이었다.


어느덧 한 해가 지나고 여름이 왔다.

"오늘이 중복이라지?"

일터로 나가려고 연장을 챙기던 봉덕 어멈이 나지막한 싸리담장 너머로 순이 어멈을 보고 말을 건넸다.

"마님, 그러네요. 오늘이 중복이네요. 오늘은 좀 일찍 집으로 돌아와 개떡이라도 부쳐서 마님네 도련님도 드리고 우리 순이도 좀 먹여야 하겠네요."

순이가 봉덕이를 격의 없이 대하는 것과는 달리 순이 어멈은 봉덕이를 도련님이라 부르며 항상 깍듯이 대했다. 봉덕 어멈과 순이 어멈은 일터로 나갔다.

　중복 날답게 아침부터 뜨거운 햇볕이 내리쬐며 온 산하(山河)를 지글지글 달구고 있었다. 이런 날씨면 봉덕이와 순이는 누가 먼저랄 것도 없이 집 옆에 있는 도랑으로 달려가 옷을 훌훌 벗어 던지고 물속에 들어가 텀벙거리고 노는 것이 통상적인 하루의 일과였다. 나이 여섯 살이면 이제 어느 정도의 부끄러움도 있을 법하지만, 갓난아기 시절부터 항상 마주하며 허물없이 자라난 터라 그들은 거리낌 없이 옷을 훌훌 벗어 재꼈다.

　"어! 뭐가 달렸네?"

　"으응! 순이 너는 아무것도 없잖아!"

　아무 생각 없이 주고받은 간단한 대화였지만, 그래도 둘은 이내 무엇인가 좀 겸연쩍다는 생각이 들었다. 작년 여름 이맘때 멱(목욕)을 감을 때와는 사뭇 다른 느낌이었다. 하지만 이내 잊고, 물장구치는 재미에 흠뻑 빠져들었다.

　"우리 엄마놀이 할까?"

　"어떻게 하는 거야?"

　"나는 엄마하고 너는 아빠하면 되지?"

　"그래 그럼 한번 해보자!"

　"이리 와, 엄마 아빠는 잘 때 서로 꼭 껴안고 자는 거야."

　순이가 봉덕이의 허리를 꼭 껴안았다. 봉덕이와 순이는 도랑 언덕에서 알몸인 채 서로 팔을 내밀어 팔베개 자세로 반듯하게 드러누워 잠자는 시늉을 했다.

　"너와 나는 이제 엄마와 아빠가 된 거야. 어른들처럼 말이야. 알았지?"

"자, 그럼 약속해. 우리는 꼬마신랑 꼬마각시로, 어떠한 일이 있어도 서로 싸우지 않고 잘 살기로 말이야."

순이는 봉덕이를 똑바로 바라보면서 오른손을 내밀어 새끼손가락을 쫑긋 폈다.

"그래!"

봉덕이도 오른손 새끼손가락을 펴서 순이의 손가락과 깍지를 꼈다. 그렇게 그들은 꼬마신랑과 꼬마각시로서 부부(夫婦)의 연(緣)을 맺었다.

시냇가 저쪽 풀숲으로 해가 기운다. 이 시간이면 부모가 밭에서 일어나 손에 묻은 흙을 툭툭 털어내며 연장을 챙기고 있을 시간이다. 소꿉놀이도 하고, 노래도 부르다 지쳐 깜빡 잠들었던 봉덕이와 순이는 옷을 챙겨 입고 집으로 돌아왔다. 길게 드리워진 둘의 그림자 사이로 뻐꾹새가 뻐꾹 뻐꾹 사랑놀이를 하자며 쉴 새 없이 짝을 불러댔다.

집으로 돌아온 봉덕이와 순이는 누룽지를 야금야금 우물거리며 허기진 배를 채웠다. 마당에 펼쳐놓은 멍석에 누웠다. 봉덕이는 하늘에 떠 있는 구름을 쳐다보며 개울가에서 있었던 일을 떠올렸다.

'우리가 맺은 인연(因緣)을 어른들이 알면 어쩌지?'

윗마을 모과나무에서 '서쪽서쪽' 서쪽 새가 울어댔다.


해방된 지 반년쯤 지났을 무렵 봉덕이와 순이는 집으로부터 오 리쯤 거리에 있는 초등학교에 나란히 입학했다. 봉덕이와 순이는 '동해물과 백두산이 마르고 닳도록' 하면서 선생님의 선창에 따라 목이 터지라 하고 신나게 후창을 했다. 선생님은 한 손으로 더듬더듬 오르간을 치고 있었다. 어린이들은 건반 위에서 바쁘게 움직이는 선생님의 손가락에서 눈을 떼지 못했다. 오르간의 건반을 잘못 눌러 음정이 틀릴 때마다 선생님은 처음부터 다시 하기를 반복했다. 국어 시간에는 '가' '갸' '거' '겨' 하면서 한글을 열심히 읽고 썼다. 봉덕이와 순이는 방과 후에도 선배들의 교실에서 들려오는 오르간 소리에 매료되어 넋을 잃은 채 노래를 함께 따라 부르곤 했다.

수업이 끝난 후 어떤 선배 학생이 흥얼흥얼 일본 노래를 부르다가 선생님에게 불려가 벌을 받기도 했다. 반년 전까지만 해도 학생들은 일본노래와 일본말을 부르며 배웠었다. 둘은 6년 동안 거의 매일같이 함께 학교에 다녔다.

6학년 중순 무렵 봉덕이 부모는 하나밖에 없는 아들을 중학교로 진학시키고자 없는 살림에도 읍내에 나가 입시에 필요한 몇 권의 책을 사왔다. 봉덕이와 순이는 그 책으로 열심히 공부했고, 초등학교 졸업생 25명 전체에서 그 둘만이 중학교 입시에 합격했다. 하지만 순이 아범은 순이의 중학교 입학을 맘대로 허락할 수 없었다. 순이가 중학교에 입학한다는 것을 박 씨 종친회에서 알면 벼락이 떨어진다는 것을 잘 알고 있었기 때문이다. 양반인 자신들의 아이들도 중학교 시험에 떨어진 마당에 산지기의 자식이, 그것도 여자가 중학교에 진학한다는 것은 그들의 자존심에 금이 가는 일이었다. 딱한 사정을 알게 된 학교 선생님 여섯 명 모두가 총동원되어 박 씨네 종친들의 허락을 받은 뒤에야 순이 아범은 순이의 중학교 입학을 허락했다.

봉덕이와 순이는 30리 길을 걸어서 통학했다.

그들이 중학교 3학년이던 어느 날 여름이었다. 삼복더위가 기승을 부리고 있었다. 토요일이라 일찍 공부를 마친 봉덕이와 순이는 시내에서 만나 함께 집으로 걸어오고 있었다. 서낭당 고갯마루를 지날 무렵 갑작스럽게 소나기가 내렸다. 순이의 옷이 흠뻑 젖었다. 하얀색 엷은 모시로 만든 순이의 교복 상의가 비에 젖으면서, 순이의 툭 불거진 젖가슴의 윤곽이 선명하게 드러났다. 순이의 아담한 젖가슴은 이미 여섯 살 때 본 그것이 아니었다. 봉덕이는 자신의 얼굴이 빨갛게 달아오르고 있다는 묘한 기분이 들었다. 순이도 순간 부끄러워하며 어쩔 줄을 몰라했다. 그러나 이내 당황해 하는 봉덕이를 바라보면서 묘한 장난기가 발동됐다.

'볼 테면 보라지. 나의 꼬마신랑 봉덕이 아니던가!'

순이는 자신이 여자로서 성숙해가고 있다는 것을 봉덕이에게 보여주고 싶었던 것이다. 순진한 봉덕이는 못 볼 것을 본 것이 미안하고 부끄러운지 순이의 얼굴을 애써 외면했다. 갑자기 부모님과 종친 어르신들의 모습이 머릿속에 떠오르자 얼굴이 불에 덴 듯 화끈거렸다.

'지금 이 상황을 어른들이 본다면 뭐라고 하실까?'

다행히 소나기가 이내 그쳤고, 언제 그랬느냐는 듯 따가운 햇볕이 다시 내리쬐면서 순이의 저고리가 금세 말랐다.

다음해 봉덕이는 고등학교에 진학하였다.

그러나 순이는 가난한 가정형편에 더해 마을 사람들의 눈치를 보아야 했던 아버지의 반대로 고등학교에 진학할 수 없었다. 순이는 자신의 처지가 서글펐다. 어렸을 때부터 마을 사람들이 부모와 자신을 업신여기는 것을 애써 외면 하면서 명랑하게 살아왔지만, 이제는 '상놈' 집에서 태어 난 자신이 싫어졌고, 마을 사람들에게 비굴하기만 한 부모 의 태도가 부끄러웠다.

순이는 부모와 일상생활에서 사사건건 대립 각을 세우며 잦은 말싸움을 벌였다. 아마도 중등교육을 받는 과정에서 배웠던 신사상(新思想)과 자신이 처한 현실과의 괴리가 사 춘기 과정의 열여섯 살 소녀가 감당하기에는 너무 큰 짐이 었을 것이다. 가난했지만 평화로웠던 순이의 집이 분란으 로 바람 잘 날이 없었다.

순이 아범은 순이의 마음을 달래려고 이웃마을 신자포실 (申自浦室) 산지기였던 순자네의 이야기를 되풀이했다.

"순자 아범은 열심히 일해 모은 재산 쌀 다섯 섬(열 가마) 을 읍내부근에 있는 김 씨 일가의 종친회에 주고 그 가문의 족보에 입적할 수 있었다 하더라. 말하자면 돈을 주고 양반 반열에 오른 것인데, 우리도 열심히 일해 재산을 모으면 비 슷한 방법으로 상놈의 탈을 벗을 것이니 조금만 참고 견뎌 보아라."

하지만 이미 순이는 아버지가 불가능한 말을 한탄조로 되풀이하고 있다는 것을 알고도 남을 나이였다.

몇 년 뒤 순이 아범이 뜻밖의 사고로 몸이 부실해져 제대로 일을 할 수 없게 되었다. 산에서 그만 낙상을 하고 만 것이다. 순이네는 박 씨 일가의 산지기 임무에서 쫓겨나게 되었다. 이 과정에서 마을 사람들에게 온갖 멸시를 당한 순이네는 자포실(自浦室)을 떠나게 됐고, 서운한 감정에 다시는 그곳 사람들과 연락을 주고받지 않았다. 순이는 그때 무작정 서울로 올라와 봉제공장에 취직했다. 순이는 봉덕이가 입학했다는 대학을 찾아가 보았지만, 첫 학기가 지난 후 학비 조달이 어려워지자 휴학계를 내고 군대)에 입대한 봉덕이를 만날 수는 없었다.

'봉덕아!'

'나의 꼬마신랑 봉덕아!'

순이는 봉덕이가 다녔던 대학교 정문 앞에서 그리움에 젖어 그렇게 그의 이름을 불렀었다.

"어! 어! 보옹 더 억이! 아, 아니! 보옹 더억 씨?"

눈 깜작할 사이에 지나간 지난 55년을 뒤로하고 순이는 가슴 한구석에 간직해 두었던 그 이름을 지금 이곳 불곡산에서 부르는 것이었다.

"그래, 그동안 어떻게 지냈어? 살 만은 하고?"

"나야 뭐, 그래 그쪽은 어떻게 지냈어? 정말로 한번 만나보고 싶었어!"

박 노인과 그녀는 두 손을 정답게 마주 잡고 반갑게 간단한 안부부터 주고받았다. 안부 인사를 마친 순이는 봉덕이와 뜻밖의 만남에 들떠 있던 마음을 어느 정도 진정시키고

나서는 자기 아버지에 대한 이야기와 힘겨웠던 자신의 삶
에 대한 이야기를 털어놓기 시작했다.

　자포실을 떠난 순이네는 경상도 일대를 떠돌다가 어느 낯
선 시골 마을에 정착했다. 순이 아범은 그 마을의 어느 지주
댁에서 머슴살이로 농사일을 했고, 순이 어멈도 그 집에 빌
붙어 함께 기거하면서 식모살이 겸 농사일을 거들며 근근이
삶을 이어갔다. 밤낮없이 일한 그들 부부의 노동에 대한 대
가는 한 해에 쌀 두 가마였다. 그들은 몇 년을 그렇게 고생
스레 살았다. 그런데 한 불행은 다른 불행의 등에 올라타고
온다고 했던가? 그들에게 불행은 겹쳐서 찾아왔다. 순이 어
멈이 허리를 다쳐 앓다가 장질부사에 걸려 죽은 것이다. 젊
었을 때부터의 힘든 노동으로 망가진 몸이 전염병을 견디기
에는 역부족이었다. 서로 의지하고 살았던 순이 아범에게는
큰 충격이었다. 서울 생활이 어느 정도 안정돼가고 있던 순
이는 홀로 남은 아버지를 서울로 모시고 왔다. 아버지에 대
한 미움이 연민으로 바뀐 지 이미 오래였다.

　그러나 순이 아범은 낯선 도시 생활에 잘 적응하지 못했
다. 노인정에 다니기에는 이른 나이였지만, 딱히 갈 곳이
없는 그는 동네 노인정에서 시간을 보냈다. 그러나 자신의
이름도 못 쓴다며 노인들로부터 놀림을 받곤 했다. 살아온
배경이 달라서인지 다른 사람들과의 대화도 순조롭지 못했
다. 항상 꿀 먹은 벙어리 행세를 해야 했던 그는 어느 날 억
하심정으로 노인들에게 그가 산지기 시절에 경험했던 소
잡는 이야기를 했다. 소를 잡는다며 도끼로 소의 머리통을

내리쳤는데 그만 소의 급소를 잘못 맞추었고, 밧줄을 끊고 도망가는 놈을 붙잡아 오느라고 힘깨나 썼다고 다소 과장되게 너스레를 떨었다. 그런데 노인들이 자기의 이야기를 재미있게 들어주리라 생각했던 것이 실수였다. 그들은 소백정(白丁)이라며 순이 아범을 더욱 놀리며 괴롭혔다. "예끼 이 백정 놈!", "예끼 이 상놈!" 하며 여기저기에서 소리소리를 지르는 노인들이 있는가 하면, 손가락질을 해대면서 그의 머리를 쿡쿡 찔러대는 노인도 있었다.

순이 아범은 가슴속의 분노를 억제할 수 없었다. 순진하기 이를 데 없던 그의 분노가 마침내 폭발하고 말았다.

"백정 놈이라고? 니들이 지게나 져봤어? 니들이 '깔(땔감)'이 무엇인지 '꼴(소먹이 풀)'이 무엇인지 알기나 해? 부모 잘 만나 빈둥빈둥 놀면서 배가 터지게 처먹고 산 놈들! 예끼, 이 몹쓸 놈들아! 다시 내가 여기에 오나 보아라!"

소리를 버럭버럭 지르면서 노인정을 박차고 나온 순이 아범은 그 후 다시는 그 노인정에 발을 들여놓지 않았다. 그는 자신이 십자매와 같다는 생각이 들었다. 당시 서울에는 온돌방에서 새어 나오는 연탄가스 때문에 시름시름 앓다가 죽어가는 사람이 종종 발생하여 사회적으로 큰 논란거리가 되고 있었다. 그래서 사람들은 연탄가스를 사전에 탐지하기 위한 수단으로 십자매를 사들여 밤에는 방에서, 낮에는 마루에서 길렀다. 십자매는 사람보다 연탄가스에 더 예민하기 때문에 십자매가 죽지 않을 정도면 사람들은 안전할 것이라 믿고 있었다.

그런데 십자매가 종종 죽어나가곤 했다. 연탄가스에 중독되어 죽는 것이 아니라 십자매의 먹이인 좁쌀을 빼앗으러 온 비둘기가 십자매의 목을 사정없이 쪼아 잔인스럽게 죽이는 것이었다.

누가 비둘기를 평화의 상징이라 했는가?

순이 아범은 강하게 태어난 비둘기가 연약한 십자매의 목을 물어뜯어서 죽이는 것처럼 부모 잘 만나 잘 먹고 잘 사는 자들이 자신의 숨통을 조이고 있다는 생각에 더욱 분통을 삭일 수 없었다. 그의 착잡한 가슴은 날이 갈수록 천 갈래 만 갈래로 찢어졌다. 마음을 달래는 길은 오직 술뿐이었다. 그는 담벼락에 기대어 반쯤 비어 있는 막걸리 병을 부둥켜안고 꾸벅꾸벅 졸곤 했다. 갈 곳이 없었다. 공원이나 시장 같은 곳을 나다니고 싶어도 집으로 오는 길을 잊어버릴 것만 같았다. 그는 글을 배우지 못한 한을 새삼 되짚어보며 답답한 가슴을 쓸어내렸다.

순이는 그런 아버지가 안타까웠다. 그녀는 아버지가 공허함을 달래길 바라며 아버지의 조끼 주머니에 항상 여유 있게 용돈을 넣어 드렸다. 그러나 그는 돈 쓰는 요령에 익숙하지 못했다. 오직 막걸리를 사서 주야장천 길가에 앉아 마시는 것이 전부였다. 돈도 쓸 줄 모른다는 순이의 성화가 심해졌다.

그는 지나가는 엿장수를 따라다니며 술값은 얼마든지 있으니 함께 마시면서 놀자고 꼬여 댔다. 그러나 얼마 후 엿장수마저도 장사를 핑계로 그를 상대해주지 않았다. 군고

구마 장수도, 소아마비로 다리를 절면서 길가에 쭈그리고 앉아 채소를 파는 할머니도 마찬가지였다. 그는 언제나 혼자였다.

그는 깔이나 꼴을 베면서 하루하루 지내던 시절의 농촌 생활을 떠올려보았다. 외양간에 던져준 꼴을 우물거리며 씹어 먹는 누렁이의 모습이 머릿속을 스치며 지나갔다. 잔 칫집에서 떡판을 칠 때 목을 축이라며 막걸리 한 사발과 시커먼 갓김치 한쪽을 손에 들려주시던 안방마님의 인정 어린 모습이 그의 뇌리 속을 맴돌고 있었다.

송충이는 솔잎을 먹고 살아야 한다고 했던가? 그는 서울 생활에 회의를 느끼고 있었다. 그에게 서울은 더없이 외로운 곳이었다. 그는 서울의 외로움을 견딜 수가 없었다. 그는 막연한 외로움에 찌든 채 원인 미상의 병고를 치르다 죽고 말았다. 순이가 그를 서울에 모셔온 지 3년 만의 일이었다.


"불쌍한 양반!"

순이의 눈시울이 붉어져 가더니 이내 눈물방울이 볼을 타고 흘러내렸다.

"그 불쌍한 양반!"

순이는 소리 내어 흐느꼈다.

순이 아범의 죽음을 안타깝게 전해 듣고 있던 봉덕이도 착잡한 심정으로 눈시울을 붉혔다. 먼 산을 바라보고 있던 봉덕이의 머릿속에는 어린시절 사람 좋기만 했던 순이 아범의 생전 모습이 영화 속의 필름처럼 스치며 지나갔다.

어린시절, 들에서 일을 마치고 귀가할 때마다 그는 "도련님, 오늘도 별일 없이 잘 놀았는지요? 우리 순이가 혹시라도 잘못하지는 않았는지요?" 하며 걱정스러운 표정을 짓던 모습과, 학창시절 하교 중 마을 어귀에 들어설 때마다 논에서 김을 매다가 언제나 상냥하고 친절한 말씨로 "도련님, 학교 갔다 오세요?" 하면서 반갑게 인사하던 모습이 눈앞에 아른거렸다. 그런 그의 외로운 죽음을 그의 딸 순이로부터 전해 듣는 봉덕이의 가슴은 미어질 것만 같았다.

그의 삶 앞에는 언제나 매서운 비바람이 몰아치고 지나갔다. 그는 언제나 험난한 가시밭길을 걷고 있었다. 봉덕이와 순이가 헤어져 있던 한 갑자(甲子) 가까이의 세월 사이에 4·19혁명, 5·16혁명, 민주화과정 등을 거치면서 이제는 양반과 상놈이라는 관습은 사라졌다. 어찌 보면 순이 아범은 이 시대의 마지막 천민(賤民)이었던 셈이다.

"불쌍한 양반! 시대를 잘못 타고 나시어……."

순이 아범의 죽음 앞에 그를 애도하는 사람은 오직 순이 한 사람뿐이었으리라는 생각을 하며 박 노인의 가슴은 더욱 아려왔다.

'누가 사람 차이를 백지 한 장이라 했는가?

조선왕조 마지막 임금이 죽었다며 거리마다 애도의 물결이 넘쳐났었다. 마지막 옹주가 죽었다며, 마지막 상궁이 죽었다며 온 나라 언론이 대대적으로 보도했던 적도 있었다. 그러나 천민 관습의 마지막 역사인 순이 아범의 죽음은 그 누구 하나 눈길을 주지 않았다.

순이 아범이 본 사람의 차이는 하늘과 땅이었으리라.

"우리 자리를 좀 옮겨볼까?"

어색한 분위기를 반전시키려 박 노인이 제안하였다.

"어디로?"

그녀가 눈물을 닦으며 반문했다.

"글세, 정상 전망대로 갈까? 계곡 약수터로 갈까?"

"아냐! 저어 쪽으로."

그녀는 고개를 저으며 왼쪽 길도 오른쪽 길도, 그리고 내려가는 길도 아닌 이상한 방향으로 손가락질을 해댔다.

박 노인은 의아한 마음에 되묻는다.

"그쪽은 길이 없잖아?"

"아냐, 그래도 그냥."

그녀가 고집을 피웠다.

'아무렴 어떤가? 가면 길인 것을!'

박 노인은 그녀를 따라 걸었다.

'군자대로행(君子大路行)' 이라는 공자(公子)님 말씀과, '좁은 문으로 들어가라' 는 예수님의 말씀은 무엇을 의미할까? 똑같은 자리에 계속 머물러 묵상만 하는 석가모니는 또 무슨 길을 걷는 것일까? 공자, 석가, 예수의 길 말고 또 다른 길이 과연 존재하는 것일까? 제4의 길을 걸을 수만 있다면 그를 세계 4대 성현이라 부를 것인가? 55년 동안 순이와 나는 어째서 서로 다른 길을 걸었던 것일까?

박 노인이 이것저것을 생각하고 있을 때였다.

그녀가 박 노인의 손을 잡아당기며 잠깐 쉬어가기를 청

했다. 저쪽 숲속에서 종달새가 지지배배 지저귄다. 박자포
실 개울에서 봉덕이와 순이가 꼬마신랑과 신부의 연을 맺
으며 새끼손가락으로 깍지 낄 때 들었던 그 종달새의 지저
귐 그대로다.

언제나 이맘때면 들판의 어른들이 손에 묻은 흙을 툭툭
털어내고 연장을 챙겨서 마을로 돌아오는 때 아니던가. 저
멀리 등산객들이 서둘러 산에서 내려가고 있었다. 이 산에
서 뻐꾹, 저 산에서 뻐꾹, 뻐꾹새가 장단을 맞춘다.

그녀는 봉덕이와 함께 자포실 초가집 멍석에서 누룽지로
허기진 배를 달래던 추억을 더듬으며 박 노인의 팔을 잡아
당겨 팔베개한다. 예나 지금이나 더 적극적인 사람은 역시
순이, 그녀였다.

"아, 이러면……."

봉덕이가 겸연쩍은 듯이 말을 건넸다.

"아무렴 어때, 고희(古稀)의 나를 지금 여자로 본다고? 아
냐, 나는 지금 무쪽인 것을."

박 노인의 팔을 베고 누운 그녀는 자신의 아버지가 아닌
자신이 살아온 이야기를 풀어놓기 시작했다.


봉제공장에 취직한 그녀는 쪽방 생활을 하며 죽기 살기
로 일하고 알뜰하게 살았다. 월급을 저축해 어느 정도의 현
금을 확보한 그녀는 그것을 잘 굴려 재산을 불려갔다.

당시 그녀가 살고 있었던 서울 동대문구 청량리역 주변
인 청량리 1동 61번지 일대의 나지막한 뒷동산에서는 많은

사람이 임자 없는 땅을 조금이라도 더 차지하겠다며 야단
법석을 떨고 있었다. 이에 뒤질세라 그녀도 삽을 들고 힘이
닿는 데까지 평탄(平坦)작업을 한 후, 말목을 박고 새끼줄
을 늘여 놓고 '여기는 내 땅이니 아무도 손대지 말라' 는 경
계 표시를 했다.

그렇게 땅을 마련한 그녀는 매일 일과가 끝나기가 무섭
게 그곳으로 달려가 집을 짓고자 억척을 떨었다. 진흙을 뭉
쳐서 벽을 쌓고, 평평한 돌을 구해다 온돌을 만들었다. 그
녀는 다른 사람들의 집 짓는 모습을 살펴가며 수수깡을 얼
기설기 엮어 진흙과 함께 지붕을 덮었다. 마분지나 신문지
로 세 개의 방 모두를 깔끔하게 싸 발랐다. 직접 지은 흙집
에 이사한 그녀는 두 개의 방은 월세를 주어 꽤 짭짤한 수
입을 올리기도 했다.

순이는 집을 짓는 과정에서 많은 도움을 받았던 한 남자
와 동거를 하게 됐고 아이까지 낳았다. 그러던 어느 날 청
천벽력 같은 일이 벌어졌다. 그 사람의 본처가 그녀를 찾아
온 것이다. 온 동네가 떠나가도록 한바탕 난리를 겪은 후
그녀는 손도 못 쓰고 본처에게 남편과 자식을 뺏기고 말았
다. 순이는 이웃 보기가 부끄러웠다. 창피한 생각에 집을
팔았다. 나라 땅(國有地)에 지은 집이기에 지상권(地上權)
만 주장할 수 있었다. 순이의 집은 주변 시세의 반값 정도
에 팔렸다. 순이는 다니던 봉제공장을 그만뒀다. 집 판 돈
과 퇴직금 그리고 그동안 저축했던 돈을 모두 합쳐 동대문
구 신설동에 기와집 한 채를 샀다.

　그 당시 신설동은 막걸리 거리로 유명했다. 순이는 전국을 돌며 가장 값싼 싸라기 쌀을 사왔다. 약간의 누룩과 찐 쌀을 섞고 이름 모를 술 약을 섞어 넣었다. 그리고 약간의 독한 소주를 붓고, 카바이드를 그 속에 집어넣었다. 카바이드 작용에 의해 술이 금방 부글부글 끓었다. 하룻밤 사이에 막걸리가 완성되는 것이다. 날이 밝으면 밤새 만든 술을 소매상에 팔았다. 당시 신설동 막걸리 집들은 모두 그런 방법으로 장사했다. 신설동 막걸리 밀거래 골목에서 술을 사다 먹은 사람들이 배탈이 나거나 머리가 아프다며 호소를 했지만, 신설동 밀주 제조업자들은 이에 아랑곳하지 않았다. 오히려 카바이드 술을 먹으면 뱃속에 있는 회충이 죽어 나온다는 솔깃한 소문을 퍼뜨리기도 했다.

　술장사로 그녀는 꽤 많은 돈을 벌었다. 그러나 정부의 일제 단속에 적발되어 큰 곤욕을 치르기도 했다. 어머니를 여의고 아버지를 서울로 모셔 오던 해에 그녀는 모든 장사를 접었다.


　날이 어두워지고 있었다. 등산객들이 모두 하산했는지 아무도 보이지 않았다. 서쪽 새가 '서쪽서쪽' 하며 서글프게 울어댔다. 팔베개를 하고 있던 그녀가 박 노인에게 귓속말로 속삭였다.

　"우리가 헤어져 있던 55년 세월, 나는 줄곧 꿈을 꾸었지. 나의 꼬마신랑 봉덕이, 우리가 연을 맺던 자포실 개울가."

　그녀는 스르르 눈을 감았다.

박 노인도 그녀를 따라 눈을 지그시 감았다. 눈앞 가득 고향 풍경이 피어올랐다.

"미안해, 순이. 정말로 미안해."

"……."

"……."

"그런데 말이야, 중학교 때 그 서낭당 고갯마루 터에서 왜 나를……."

그녀는 말을 얼버무리며 힐끗 웃었다.

"……."

한동안 또 한 번의 침묵이 이어졌다.

"어머, 여태껏 내 말만 했네. 이제 그쪽 차례야. 그동안 어떻게 살았어?"

"으응, 나는 말이야. 근데 날이 캄캄해지고 있네. 우리 내려가면서 이야기하지."

박 노인과 그녀는 자리에서 일어나 컴컴한 밤길을 가르며 산에서 내려왔다. 어린시절 꼬마였던 두 사람이 함께 부르던 노래가 입가에 맴돌았다. 왜정 말기 학교에 다니는 선배들이 가르쳐주던 일본 국가인 기미가요가 뇌리에 아련히 떠올랐다. 해방 직후 한 손가락으로 오르간의 건반을 두들기며 애국가를 열심히 가르쳐주던 선생님이 느닷없이 빨간 완장을 팔에 두르고 마을 어귀에 나타나 '장백산 줄기 줄기' 하며 북한 공산당의 노래를 가르쳐줄 때에도 봉덕이와 순이는 함께 노래를 배우면서 6·25 동란을 겪어야 했었다. 초등학교 운동장 국기 게양대에 태극기, 일장기, 그리고 북한 공산당의 깃발이 번갈아가며 나부낄 때마다 봉덕이와 순이는 두 손을 꼭 잡은 채로 그것들을 물끄러미 바라보곤 했었다.

어린시절 그들은 언제나 함께였었다. 이제 꼬마신랑 봉덕이는 꼬마각시 순이에게 자신이 살아온 이야기를 줄줄 풀어놓을 것이다.

"……."

우리나라 마지막 천민(賤民)인 순이 아범의 명복을 빌어드린다.

아울러 꼬마신랑과 꼬마각시의 여생에 만복(萬福)이 깃들기를 간절히 기원한다.

– 2007년 여름

# 행운의 캡틴

　승용차 안의 주행지침이 사만 킬로미터를 알리고 있다. 십만 리 길을 벗 삼아 함께 달린 지 삼 년여, 웬만해진 운전 솜씨만큼 손에 배어오는 핸들의 익숙한 느낌은 차에 대한 친근감마저 느껴지게 한다. 평소의 휴일처럼, 오늘도 내가 애용하는 아반떼와 함께 휜하게 뚫린 고속도로를 질주하고 있었다. 과속이라는 느낌은 없었다. 옆을 스치며 지나가는 고속도로 주변의 조용하고 맑은 정경처럼 평온한 마음 그대로였다.

　한참 동안을 그렇게 달렸을까?

　조금의 피로를 느끼며 휴게소에 들러 커피 한 잔 마시며 쉬어가야 하겠구나 하는 순간, 갑자기 '빵빵, 찌익—' 하는 경적소리와 함께 급브레이크를 밟는 비명이 찢어질 듯 섞여 들려오는 바람에 정신이 번쩍 들었다. 그러나 이미 나의 바로 눈앞에서는 시커먼 승용차 한 대가 커다란 아가리를 벌리며 나에게 덤벼들고 있었다. 순간 등골이 오싹해오는 섬뜩한 기분과 함께 '나의 인생은 이것으로 끝이구나' 하는 생각이 언뜻 스쳐 지나갔다. 반사적으로 급브레이크를 밟았지만, '쾅, 쾅쾅' 하는 소리와 함께 두 차는 뒤엉키고 말았다. 아주 순식간의 일이었다. 나의 두 팔은 운전대를 감싸 안았고, 얼굴은 그 속에 푹 파묻혀져 있었다. 무의식 상태, 바로 그것이었다.

그렇게 얼마나 시간이 흘러갔을까?

겨우 정신을 가다듬고 고개를 슬며시 치켜들어 보았다. 어느 틈엔가 사람들이 웅성웅성 모여들어 있었다. "천만다행이군" 하는 소리가 그 누군가의 입에서 흘러나왔다. 그 소리에 나는 귀가 번쩍 뜨였다. 그리고 용기를 얻을 수가 있었다. 차에서 내리는 순간, 저쪽 차의 운전자와 시선이 마주쳤다. 우리는 사전에 약속이라도 한 듯 입을 조금씩 벌려 안도의 웃음을 짓고 있었다. 이내 사이렌 소리가 울리며 서둘러 경찰관이 다가왔다. 경찰관은 무엇인가를 분주히 살피고 나더니 "운이 참 좋은 분들이네요."라고 한마디를 던졌다.

'운(運)! 운! 그래 운이지. 나는 행운을 안고 이 세상에 태어났지. 전에도, 또 그전에도 나에게는 행운이 항상 뒤따랐었지.'

나는 옛날 일들을 기억해내고 있었다. 그중에서도 사선(死線)을 넘나들며 겪어야 했던 월남 전투에서 있었던 몇 차례의 계속된 행운은 꿈속에서라도 잊을 수 없는 커다란 행운이었다.


1969년 3월 27일.

연일 치열한 전투가 벌어지는 이역만리 월남 땅을 찾아

자유의 십자군으로서 용맹을 떨치며 '동보작전'을 전개 중
일 때였다. 내가 속해 있었던 부대는 뛰어난 전투수행 능력
으로 그 위세를 떨치고 있던 백마사단 예하의 동보부대였
다. 보병 8개 중대와 지원포병으로 구성된 우리는 투안박
베트콩위원회를 포착·섬멸하라는 작전명령을 하달 받았
다. 열대지방 특유의 불을 지펴놓은 듯한 무더운 날씨 속에
사정없이 내리쬐는 뜨거운 햇볕과 하루가 멀다 하고 쏟아
져 내리는 소나기를 맞으며 정글 속을 헤맨다는 것 그 자체
가 또 하나의 '적(敵)'이라는 것을 경험해보지 않은 자가 어
떻게 알 것인가?

그러나 우리는 다행히도 이렇다 할 사건 없이 5일간의 제
1단계 작전을 무사히 수행하고, 제2단계 작전 준비를 위하
여 잠시 휴식을 취하고 있었다. 마침 내가 이끌던 동보 5중
대의 주둔지 주변 모래밭 옆으로는 물고기들이 자유롭게
뛰노는 맑은 강이 있었다. 나는 오랜 작전으로 말미암아 땀
에 찌들고 흙 범벅이 되어 있는 중대원들의 몸을 씻겨줄 좋
은 기회로 생각했다. 병사들을 삼분(三分)하여 진지경계조
와 강변경계조를 배치한 다음, 다른 한 조는 옷을 벗고 물
속으로 들어가 몸을 씻도록 하였다.

오랜만에 시원한 물속에서 아이들처럼 흐뭇해하며 몸을
씻는 병사들의 모습을 안쓰럽게 바라보는 순간이었다. 갑
자기 '타당, 타당, 따 다 당' 하는 소리와 함께 물속에서 몸
을 씻고 있던 병사들을 향하여 총알들이 무차별적으로 날
아들었다.

"하나님, 맙소사!"

"어떻게 이런 일이 생길 수가 있단 말인가?"

나의 얼굴은 노랗다 못해 아예 검은색으로 변해 있었다.

황천길로 들어가는 아득한 느낌이었다.

강변경계조는 상황을 파악하면서 은폐 엄폐물을 이용하여 재빠르게 몸을 움직여 납작 엎드렸고, 알몸이 된 채 물속에 들어가 있던 목욕조는 너무나도 당황한 나머지 상황을 파악할 겨를도 없이 다급하게 총알을 피하면서 물속을 빠져나와야 했다. 그러나 전투 경험이 풍부하고 행동이 민첩하며 훈련이 잘 되어 있는 몇 명의 병사들은 즉각적으로 총소리가 나는 적이 있음직한 방향을 향하여 총을 난사하기 시작했다.

곧이어 중대장인 나는 적이 총을 쏘는 지점을 발견할 수가 있었다. "저기 정글 쪽 베트콩을 잡아라!" "베트콩이 저기 있다!" 하고 외쳐대면서 소총 일개 소대를 돌격 부대로 선정하여 그들을 추격하려 했지만, 상황은 이미 끝나가고 있었다. 덜커덕덜커덕 낡은 모터소리를 내며 오토바이를 탄 5~6명쯤의 베트콩이 숲속으로 사라져갔다. 월남전에서 베트콩과의 전투는 3분 게임이라고 했던가? 그렇게 우리는 순식간에 적으로부터 기습공격을 당하고 말았다.

나는 황급하게 인원을 점검하여 보았다. 3소대 김 병장이 왼쪽 팔에 3도 정도의 화상을 입는 부상을 당했고, 화기소대 이 상병의 오른쪽 귀 모퉁이에서는 피가 사르르 흐르는 것이 보였다. 그러나 천만다행히도 그들 외엔 아무도 부상을 당하거나 전사한 사람은 없었다.

나는 기다랗게 안도의 한숨을 내몰아쉬며 인간의 운명은 참으로 무섭게도 끈질긴 것이구나 하는 생각을 해보았다. 그리고 나와 나의 병사들을 그 갑작스러운 생사(生死)의 위험에서 아무런 희생 없이 살아남을 수 있도록 행운을 내려주시고 보살펴주신 하나님께 감사의 기도를 드렸다.

"하나님, 감사합니다. 진정 감사합니다."

나는 감사와 동시에 오늘 발생한 상황에 대하여 '무엇인가 크게 잘못된 점이 있었구나' 하는 반성을 하였다. 언제나 그러하듯이 부대가 이동하여 새 주둔지로 들어갈 때에는 철저한 정찰 및 탐색작전으로 안전지대를 확보한 다음 적의 위협으로부터 충분한 방호를 받을 수 있는 상태로 조심스럽게 진입을 하여야 했다. 또한 주둔지 점령 후에는 즉각적인 경계조의 배치는 물론, 의심 지역에 대한 계속적이고도 반복적인 확인 탐색을 해야 했다. 나는 기본적인 전술 원칙에도 미흡했음을 자책하면서 중대원들의 소중한 목숨을 책임진 지휘관으로서 다시는 이와 같은 실수가 있어서는 안 되겠다는 다짐을 하였다. 그리고 내일의 연속 작전에 대한 구상과 걱정으로 그날 밤을 뜬눈으로 지새워야만 했다.

4월 2일, 새벽 5시.

적의 은거지를 찾아 그들을 섬멸시키기 위한 제2단계 작전이 시작되었다.

　기도비닉(企圖秘匿)과 낮은 포복, 전술 원칙이 무색해질 만큼 살금살금 전진해나갔다. 절대로 발걸음 소리를 내서는 안 된다. 입을 벌려 조그맣게라도 말을 하는 경우란 상상도 할 수 없었다. 사방 어디를 둘러보아도 무성한 풀과 울창한 나무들만이 겹겹이 둘러쳐져 있는 깊은 정글 속에는 산새들과 풀벌레 소리만이 들려올 뿐 인간의 발자취라고는 우리가 처음인 것처럼 적막의 현장만이 감도는 첩첩산중의 깊고 험한 계곡이었다.

　오랜 작전으로 말미암은 허기를 야전식량 하나로 달랜 지 몇 시간이나 지나갔을까? 이렇게 험난한 고산지대의 정글 속에서는 좀처럼 볼 수 없는 소로(小路)가 있다는 전갈이 들어왔다. 반질반질하게 닳아 있는 소로에서 인간의 흔적이 느껴지기 시작했다. 순간 우리는 우리가 찾는 적들이 우리와 가까운 지점에 있음을 직감적으로 알 수 있었다. 적진으로 향하는 초조함이 우리를 몹시 긴장케 했다.

　산들산들 풀잎 사이로 솔솔 불어오는 열대야의 산바람은 땀에 찌들어 있는 열대인 특유의 몸 냄새와 후진국에서나 볼 수 있는 저질의 화장품 냄새가, 평소에 '개코' 라고 별명이 붙여진 만큼이나 후각이 발달한 서 병장의 콧속으로 스며들기 시작했다. 천리경을 안면에 달아 놓은 듯 남다르게 시각이 좋은 하 병장의 눈동자로는 무엇인가 잡힐 듯 말 듯한 불명의 정체들이 나무와 나무, 정글과 정글 사이를 그림자처럼 어른거리고 있었다.

　손에서는 땀이 자꾸만 배어나왔고, 등은 이미 물속에라

도 들어갔다 나온 듯이 흥건하게 젖어 있었다. 당장에라도 무슨 큰일이 벌어질 것만 같은 예감은 공포에 공포를 더해갔다. 직접적인 전투를 경험해보지 못한 자가 이러한 느낌들을 어떻게 알 것인가? 머리끝까지 뻗쳐가는 그 긴장과 까닭 모를 절박함, 그렇게 지나간 5분여의 시간이 5시간도 더 되는 것처럼 흘러갔다.

바로 그때 선두에 있던 첨병(尖兵)이 재빠르게 정글 숲속으로 몸을 피하면서 오른손을 번쩍 들어 뒤로 내밀어 보였다. 심상치 않은 신호임이 분명해 보였다. 우리는 모두 매우 빠르고도 조용하게 납작 엎드렸다. 병사들은 사방팔방으로 초조하게 총구를 겨누고 있었다. 우리의 이러한 행동은 산짐승들조차 눈치 채지 못할 만큼 신중하고도 조용하게 이루어졌다. 나는 아주 조심스럽게 첨병의 곁으로 다가가서 그의 손가락이 지시하는 곳을 유심히 살펴보았다.

순간, 나는 놀라움으로 숨이 탁 막혀오는 듯했다. 등골마저 서늘해왔다. 첨병이 가리킨 곳에는 완전무장한 적의 대규모병력이 주둔하고 있었다. 언뜻 보기에도 1개 대대병력은 족히 되는 듯했다. 월남전 대부분의 전투는 게릴라전을 위주로 벌어졌으며, 그런 까닭에 우리 병사들은 소규모 병력을 상대하는 게릴라전에 오히려 더 익숙해져 있었다. 그런 우리에게 지금 눈앞에 있는 적의 규모는 엄청난 것이었으며 월남전 고유의 '3분 게임'은 상상도 할 수 없었다.

각개 병사들의 모습은 더할 나위 없이 긴장된 것처럼 보였다. 통신병, 김 병장과 분대장, 이 하사 그리고 소대장 최 중위가 나에게 무슨 할 말이라도 있는 것처럼 두 눈을 깜박여 대면서도 그들은 끝내 입을 열지 못하고 있었다. 아니, 그들의 그러한 모습은 오히려 나에게 어떠한 형태로든 의사표시가 있거나 아니면 행동을 취하기 위한 무슨 명령이 있어주기를 간절히 기대하고 있었다는 표현이 더 어울릴지도 모르는 일이었다. 그것은 곧 죽음을 각오한 결사항전(決死抗戰)만이 현실에 대처하는 유일한 수단이라는 마음이 준비되어 있다는 뜻과도 같았다.

그들의 오른손에 들려 있는 M16 소총은 적진으로 총구를 향한 채 금방이라도 나의 명령만 떨어지면 무수한 총알을 퍼부을 것처럼 완전무결한 사격 자세가 갖추어져 있었다. 왼손으로는 허리춤에 차고 있던 수류탄을 꺼내 들고 앞이빨을 이용하여 힘차게 힘을 주면서 안전핀을 뽑아 풀밭 사이로 홱홱 뱉어냈다. 한편, 생과 사의 운명을 목전에 둔 막내둥이 서 일병은 전쟁 공포증으로 가득 차 안색이 시퍼렇게 돌변했고, 그의 두 손에서는 가벼운 경련마저 일어나는 듯 소총의 총열 끝 부분이 덜덜 떨렸다.

서 일병의 안쓰러운 모습을 보고 있던 분대장과 이 중사가 안타깝다는 표정으로 두 눈을 부릅뜨면서 그의 어깨 위에 손을 갖다댔다. 이 중사의 살기 어린 눈동자는 '비겁하고 졸렬한 자는 죽어서 까마귀밥이 되고, 군인 정신이 투철하고 용감한 자는 끝까지 살아남아서 고국에 있는 부모 형제를 다시 만날 수 있다'는 무언의 충고를 하는 동시에, 강력하고도 위협적인 명령을 하는 것 같았다. 서 일병의 오른쪽 어깨를 잔뜩 움켜쥔 이 중사의 왼쪽 손목은 ‘너무 두려워하지 말고 내가 하는 대로만 따라서 열심히 싸우면 우리는 반드시 이길 수 있다’는 행동지침을 보여주는 듯했다. 서 일병의 사기를 한껏 돋워주려는 상급자로서의 다정다감한 모습은 부하에 대한 사랑과 위엄을 동시에 나타내는 것처럼 보였다. 믿음직스러운 분대장 이 중사의 면면을 보는 순간, 중대장인 나 자신도 흐뭇한 마음으로 어느 정도의 안정감과 용기를 얻어낼 수가 있었다.

　그러나 적과의 거리는 불과 40~50여 미터, 이미 적들은 지근거리(指近距離) 안에 들어와 있었으며, 그것은 곧 근접전투를 의미하는 것이었다. 더욱 우리를 곤혹스럽게 하는 것은 우리를 지원해줄 병력이 부근에 전혀 없었다는 사실이었다. 나의 휘하에 있는 1소대와 2소대마저 다른 지역에 있었고, 3소대와 화기소대 그리고 본부 요원을 모두 합쳐도 고작 60여 명밖에 되지 않는 절박한 상황이었다. 그러나 이 절박한 상황 아래에서 무전기를 사용하여 통신 연락을 주고받기란 기도비닉(企圖秘匿)상 더욱 불가능했다. 나의 휘하에 있는 다른 지역의 1소대와 2소대를 합류시키는 것은 물론이려니와 더더욱 상급부대에 보고하여 병력이나 지원사격을 요청한다는 것은 우리의 위치만 노출할 뿐이었다. 그것은 전투가 개시된 후에나 가능한 일이었다.

　또한, 상급부대에서 이처럼 절박한 상황을 알고 있다 하더라도 우리를 지원해준다는 것은 거리로 보나 시간으로 보나 도저히 허용될 수 없는 다급한 상태였다. 병력의 수적 열세는 자꾸만 공포감을 더하게 만들었고, 적군이든 아군이든 어느 한 편은 몰살(沒殺)일 것이란 생각에 '이건 정말 불운 중에 불운이구나' 하는 절망감이 스쳐 지나갔다. 더구나 몰살할 가능성은 수적으로 불리한 아군에게 더욱 컸기에 그 절망감은 더욱 깊을 수밖에 없었다. 나는 상황이 위태로울수록 침착함을 잃어서는 안 된다는 생각을 하며 잠시 깊은 생각에 빠져들었다.

'여기에 있는 60여 명의 대원이 한마음 한뜻이 되어 평소에 갈고닦은 전투능력을 최대한으로 발휘할 수 있는 용맹과 지혜로움, 그리고 목숨을 초개와 같이 버릴 줄 아는 위대한 군인정신이 충만해야 할 텐데' 하는 생각과 함께 이 위험을 극복할 수 있도록 특별한 은혜가 있기를 하나님께 간절히 비는 기도를 올렸다. 그리고 지휘관이 당황하는 것은 곧 더욱 큰 화를 자초하는 것을 의미하는 것이었기에 이내 정신을 수습하고 소대장들을 은밀히 불러 모았다. 그리고 우리는 무언(無言)의 작전회의를 시작하였다.

장 중위가 뒤쪽을 향하여 손가락질을 해보였다. 도저히 승산이 없으니 몰래 뒤쪽으로 도망쳐 나가자는 제안인 듯했다. 나는 이내 최 중위에게 시선을 돌렸다. 유난히도 눈을 크게 뜨고 있던 그는 나의 가슴 쪽을 향하여 손가락질을 해대면서 고개를 좌우로 흔들어댔다. 전투 경험이 비교적 적은 그는 중대장의 뜻에 무조건 따르겠다는 표시인 듯 보였다. 그것은 바로 나와 운명을 같이하겠다는 뜻과도 같았다.

'이처럼 다급한 상황 아래에서도 나를 믿고 나에게 목숨을 맡기는 그를 보며 저 순백(純白)의 영혼을 어떻게 지켜 주어야 하나. 아니, 그보다도 지금 이 순간 나의 손짓 발짓은 물론이요, 내 얼굴의 주름살 하나하나 움직이는 것까지 온 신경을 곤두세우고 있는 육십여 명의 중대원들은 다 어떻게 할 것인가' 하는 생각이 머릿속을 스쳐 지나가며 마음의 무게가 더욱 깊어지는 것을 일순간 느꼈다.

그때였다. 항상 내 뒤를 따르고 있던 통신병 김 병장이 나의 옆구리를 쿡 찔러대면서 무척 당황하는 표정을 지었다. 전방의 적들이 우리가 가까이 와 있다는 사실을 알아채고 전투준비를 위하여 분주하게 움직이기 시작했다는 보고였다. 적진의 병사들이 이리 뛰고 저리 뛰며 총기와 수류탄을 황급히 챙기는 것이 내 눈에 똑똑히 관측되었다. 이제는 피하려야 피할 수도 없는 극한의 상황에 이르렀음을 직감적으로 느꼈다. 사생결단의 순간이 닥쳐온 것이다. 삶과 죽음의 갈림길에 우리는 서 있었다. 그러나 여기서 더 지체하는 것은 오히려 아군의 죽음을 부를 뿐이라는 판단이 순식간에 섰다. 나는 이내 입술을 깨물고 단호히 지휘관으로서의 결단을 내렸다.

그것은 전투(戰鬪)였다.

살기 위한 싸움. 그러나 그것은 죽음을 각오한 싸움이었다.

나는 있는 힘을 다하여 큰 소리로 외쳐댔다.

내 정신이 아니었다.

교육받은 그대로 훈련받은 그대로 외쳐댔다.

온종일 닫혀 있던 입을 벌려 말을 하는 절박한 순간이었다.

"사격개시! 사격개시!"

아군뿐만이 아니라 적군에게도 들렸으리라.

우리는 분대장이나 소대장, 탄약병이나 무전병 가릴 것 없이 마구 사격을 해댔다. 사격을 하는 우리에겐 이미 계급이 없었다. 오로지 한 발의 총알이라도 더 쏘아대야 이길 수 있다는, 아니, 살아남을 수 있다는 생각뿐이었다. 지휘관이 사격에 가담하면 그 부대는 망하고 만다는 선배들의 가르침도 이미 나의 뇌리 속에서는 사라지고 없었다. 중대장인 나도 정신없이 쏘아댔다. 지금 우리에겐 우리가 더 강하다는 힘의 과시만이 필요했다. 전쟁터에서 기선의 제압이란 곧바로 승리와 연결된다는 것을 나는 몇 차례의 전투 경험을 통하여 늘 머릿속에 기억하고 있었다. 지금 이 순간에서는 단 한 발의 총알이라도 더 당겨야 했다. 머리카락이 성난 고슴도치의 그것 마냥 쭈뼛쭈뼛 서 왔다.

"드르륵 탕탕!"

"드르륵 탕탕!"

육십여 명의 용맹스러운 병사들이 일제히 긁어대는 총소리는 마치 저쪽 산 전체를 모두 송두리째 날려버릴 것만 같이 온 천지를 진동시키고 있었다. M16 소총을 연발로 쏘아댈 때 그 속도와 위력이 그렇게도 대단하다는 것을 나 자신도 새삼스럽게 느낄 수가 있었다. 한참을 그렇게 교전하다 보니 허리가 허전해지고 있음을 일순간 느꼈다. 나의 팔꿈치 옆으로 시꺼먼 탄창통과 샛노란 탄피들이 수북이 쌓여

가고 있었다. 그때 나는 '탄약이 떨어지면 큰일인데' 라는 생각이 떠오르면서 문득 '총기는 곧 나의 제2의 인생' 이라고 외쳐대며 그렇게도 열심히 닦고 조이며 기름칠하던 고국에서의 중대장 시절이 뇌리 속을 스치며 지나갔다.

언젠가 부대원들에게 사격 연습을 열심히 교육하던 중 실탄이 부족하여 난감해지자 책임자들을 한곳으로 모아놓고 '여기가 만약 실전 장(場)이었다면 우리는 어떻게 되었을 것인가' 라며 불호령을 치던 일도 생각이 떠올랐다. 그렇다, 지금 이 순간의 여기는 그때 말하던 그 실전 장이 아니더냐? 총기와 탄약이 없는 전투는 전투가 아니라 곧 죽음을 의미하는 것일 뿐이리라. 그러나 지금 이 절박한 근접전투 상황 아래에서는 대원 각자가 얼마나 총을 쏘아댔고 얼마나 총알이 남아 있는지 알 수도 없었고, 또 알아볼 수 있는 시간도 허용되지 않았다. 오직 바라건대 평소의 교육 훈련 결과에 따라 소대장과 분대장들의 지혜로운 지휘 통솔과 각개 병사들의 용맹성만을 믿을 수밖에 없었다.

나는 탄약을 아껴야겠다는 생각을 하며 전방의 적들을 더욱 세세히 살펴보았다. 우리의 갑작스럽고도 집중적인 기습사격에 놀란 적들은 말 그대로 오합지졸이 되어 있었다. 적군의 진영은 난장판이었다. 우리의 연이은 집중사격이 그들에겐 아마도 우리를 엄청난 규모의 병력인 것처럼 오판(誤判)하게 하였을 것이다. 그들에게 지휘체계란 상상할 수도 없는 것처럼 보였다. 지금 그들에게는 우리가 그들을 처음 발견하였을 때 느꼈던 그 공포감보다 몇 배나

더한 두려움이 밀어닥치고 있음이 분명해 보였다. 직격탄을 맞고 쓰러져 신음을 해대거나 비명을 지르는가 하면 숲속으로 도망을 치느라 엉금엉금 기어가는 놈도 보였다. 방향 감각을 잃고 거의 정신이 없는 듯 한없이 사격을 해대는 김 중사의 코앞으로 바싹바싹 기어드는 베트콩도 있었다. 풍부한 전투 경험자인 김 중사가 그놈을 그냥 놓아둘리가 없었다. 곧장 김 중사의 수류탄 세례가 연이어 퍼부어졌다.

치열한 전투가 벌어진 우리 전열(戰列)의 약간 뒤편에 배치되어 있는 화기소대의 60밀리 박격포는 정신없이 포탄을 퍼부어댔다. 좌우측 그리고 중앙의 어느 정도 앞쪽에 나가 있는 M30 기관총은 총열이 벌겋게 달아오를 정도로 한없이 총알을 뿜어대고 있었다. 또한 여기저기에서 '퍽, 쾅! 퍽, 쾅!' 하면서 위력을 나타내는 M79 유탄발사기는 보기보다 훌륭한 근접 전투용 무기인 듯 제 몫을 다 해내는데 조금도 부족함이 없어 보였다. 급기야 적진에서는 팔다리가 잘려나간 놈, 파편을 맞고 창자가 툭 튕겨 나와 있는 놈, 비참하게 쓰러져 꼼짝도 못하는 놈들이 뒤엉켜 지옥의 현장으로 돌변해 있었다. 그야말로 말로만 듣던 전쟁터에서의 참혹성과 잔인함이 그대로 나타나 있었다.

그러는 동안 얼마나 시간이 지나갔을까?

지옥 같은 참혹한 전투 속에서 시간이 흘러간다는 것 그 자체를 까맣게 잊고 있었다. 오후 4시 30분 경, 땅거미가 지기 시작한다. 적의 진영에는 전사자들과 부상자들의 모습만 눈에 들어올 뿐 이미 나머지 병력은 퇴각해버린 것처럼 보였다. 우리에게 신(神)의 가호(加護)가 미치고 있음이 분명해 보였다.

나는 탄약도 아낄 겸 사격중지 명령을 내렸다. 풀벌레와 산새들도 순식간에 퍼부어진 총소리에 놀랐는지 바람 소리만 간간이 연하게 들려올 뿐 사격이 중지된 밀림 속에는 적막의 시간만이 흘러가고 있었다. 사격을 중지한 채 총기와 탄약을 점검하며 정신을 가다듬고 있던 병사들은 서로서로 살아있음을 확인하면서 안도의 한숨으로 위로를 대신하고 있었다.

곧이어 최 중사, 이 하사, 김 하사할 것 없이 모든 분대장들이 고개를 아래위로 흔들어대면서 오른손에 들려 있는 소총을 살짝 들어 보이는 것으로 각자의 분대원들이 무사함을 표시했고, 분대장들의 보고를 받은 장 중위와 최 중위가 곧바로 나를 향하여 승리의 눈빛을 반짝이면서 고개를 흔들어 사격중지 명령에 대한 동의와 함께 모두가 다 무사함을 보고해왔다. 그들에게서 긴장되었거나, 초조하거나, 피로하다는 모습은 어느 구석에서도 찾아볼 수 없었으며 오직 용감하고 늠름하고 그리고 지혜롭게 잘 싸우고 있다는 자신만만한 위용(威容)만이 번뜩거리고 있었다. 누구의 지시라고도 할 것 없이 병사들은 거의 습관적으로 적으로부터 있을지도 모르는 역습에 대비하여 만반의 경계 초소와 방어 진지를 구축하느라 분주하게 몸들을 움직이고 있었다.

곧이어 우군의 지원 포(砲)가 소리를 내기 시작했다.

쾅쾅 쾅! 쾅 콰쾅!

저쪽 지대에서는 커다란 섬광이 번뜩였다. 나는 잠시 정신을 가다듬고 곧이어 3소대 1분대장을 선두로 하여 적의 진지를 수색하도록 했다. 화기소대 일부도 뒤따르게 했다. 조심조심 적진지로 향했던 수색대원들은 한참이나 되어서야 적의 AK자동소총을 비롯한 노획품(勞獲品)들을 한 짐씩 짊어지고 돌아왔다. 그것들은 대단한 전과(戰果)였다. 그 많은 대포와 포탄들, 그것은 분명히 적들이 가지고 있던 전쟁용 살생 무기로서 우리의 목숨을 노리고 있었음이 분명했다. 만일 저들이 그것을 제대로 사용만 했다면 나와 병사들은 꼼짝없이 이곳 깊은 산속에서 그 누구도 돌아보는 이 없이 마냥 썩어가고 말았을 것이라는 생각을 하니 섬뜩하기가 이를 데 없었다.

적진에서 돌아온 병사들은 지금 막 물속에라도 들어갔다 나온 것처럼 온몸이 땀투성이가 되어 있었다. 누구라고도 할 것 없이 소매 깃에서는 물방울이 뚝뚝 떨어지고 있었다. 나는 수색에서 돌아온 병사들을 위로한 다음 정신없이 통신병의 등 뒤에 있는 무전기를 들고 대대 본부를 호출했다. 아마도 습관적으로 송수화기를 손에 잡았는지도 모른다. 대대장, 이 중령의 음성이 무전기의 수화기 속에서 선명하게 흘러나왔다.

"오! 오, 살아 있었구나, 오, 5중대장 살아 있었구나!"

그의 떨리는 목소리는 흥분으로 가득하였다.

그러나 나는 아무런 대답도 하지 못했다. 다만, 나는 잠시 두 눈을 가만히 감았다. 사(死)의 지경에서 생(生)의 지경으로 돌아오는 순간들이 지나간 것이다. 그것은 끔찍한 불운 속에서 피어난 기적 같은 행운이었다.

'오! 오 자비로우신 하나님, 하나님의 지극하신 자비로 죽음의 순간을 넘어 우리는 이렇게 살아 숨을 쉬고 있나이다. 이토록 특별한 행운을 내려주신 주 하나님의 은혜에 감사와 기쁨을 드립니다.'

내 기도는 그렇게 끝을 맺고 있었다.


그 후, 보름쯤 지나간 4월 18일, 나는 부름을 받고 백마사단 사령부로 향했다. 연대장 양 대령과 대대장 이 중령도 함께해주었다. 웅장한 연병장 안에서 요란한 군악대의 나팔소리가 귓전을 울렸다. 그것은 생과 사의 지경에서 그때에 들었던 우레와 같은 총소리 대신 살아 있는 사람들이 부르는 환희라는 사실만이 내 가슴속을 환하게 채워주고 있었다.

이내 주월 한국군 총사령관 채 장군이 내 앞에 다가와 섰다. 그는 국가와 민족을 대신하여 기다란 금색 천 끝에 매달린 빨간색, 청색, 노랑색의 찬란한 무공훈장을 나의 목에 걸어주고 어깨를 서너 번 두드렸다. 그러곤 악수를 청하며 유쾌한 목소리로 말하는 것이었다.

"수고했네, 박 대위. 자네의 행운은 온 천하가 다 알아주어야 할 거야. 귀국할 때까지 몸조심하게. 그리고 박 대위의 행운을 다시 한 번 진심으로 축하하네."

　내 두 눈가에 무엇인가 뜨겁게 고여 드는 것을 느꼈다. 파란 제복의 소매 깃으로 눈물인지 땀방울인지 모를 무언가를 닦아냈다. 마치 꿈속에 있는 것만 같았다. 잠시 몸과 마음을 가다듬고 주변을 살펴보았다. 보도요원들이 분주하게 플래시를 터뜨리고 있었다. 나는 자신도 모를 미소를 지으며 두 눈을 지그시 감았다. 문득 내 사랑하는 대원들과 정글 그 깊은 곳에 함께 목숨이 내던져졌던 그 순간이 떠올라왔다. 그들에게 무한한 고마움과 애정이 솟아오름을 가슴 뜨겁게 느꼈다. 그리고 지금의 살아 있음에 감사하며 나도 모르게 중얼거렸다.

　"나의 행운이여, 그것은 진정 위대했노라!"

　우리는 귀대(歸隊) 길에 항구도시 나트랑의 어느 번화가로 들어섰다. 그곳에서는 형형색색의 각종 네온사인이 눈부시게 번쩍거리고 있었다. 오랫동안 정글의 지독한 무더위, 소나기와 진흙탕 속에서 뒹굴다 나온 나로서는 정말 또 다른 세계로 온 느낌이었다. '이런 세상도 있었구나' 하면서 나는 두 눈을 휘둥그레 뜨고 두리번거렸다.

　한참을 그렇게 구경하다 접어든 한 골목에서는 수많은 여자들이 득실거리고 있었다. 전쟁터의 어느 곳이나 그러하듯이 그곳이 윤락가(淪落街)라는 것을 금방 알 수 있었다. 대부분 앳되어 보이는 얼굴들이었다.

　'정글만 있는 나라인 줄 알았더니 이렇게 예쁜 아가씨들도 있구나.' 라고 생각하다 문득 '녹음방초(綠陰芳草)' 라는 말을 떠올렸다. '녹음'이란 우거진 숲이란 뜻으로, 이곳 월남 땅의 정글 지대를 연상케 하였고, '방초'는 아무도 돌보지 않는 들녘에서 여기저기에 널브러져 아무렇게나 자라난 풀들이지만 그 아름답기가 마치 꽃처럼 아름답다는 뜻으로, 그녀들을 가리키기에 너무나도 안성맞춤이었다.

나는 나도 모르는 사이 즉흥시(詩) 한 구절을 뇌리에 떠올리고 있었다.


이국 만 리 정글 숲 메마른 땅
들녘 한복판에 노란색 산양 한 마리
예쁜 방초(芳草) 보고 절로 배불러진다네
방초야 이리 오너라, 어서 오너라
얼굴 붉히며 파란 잎 한 장 던져주고는
그녀 따라 어디론가 슬그머니 숨어들더라


– 「방초(芳草)」 전문


그러나 이내 나는 이런 비유가 적절하지 않음을 깨달았다. 그녀들은 다만 전쟁의 희생물일 뿐이었다. 꽃다운 나이를 전쟁의 틈바구니에서 이렇게 보내게 된 것일 뿐, 그녀들은 상처 받은 풀들이었고 전쟁이 가져다준 부끄러운 아픔들이었다.

이런저런 생각을 하는 동안 양 대령과 이 중령은 나에게 눈짓을 하며 무엇인가를 독촉하고 있었다. 나는 양 대령의 눈짓에 따라 떠밀리듯 '터키탕'(증기탕)이라는 곳으로 들어갔다. 대나무 침상이 여럿 놓여 있었고 낮은 칸막이가 둘러쳐져 있었다. 한증탕 문을 여니 뜨거운 김이 피어올라 왔다. 마치 별궁(別宮)으로 들어온 것 같은 느낌이었다.

바로 그때 어디로 들어왔는지 속살이 훤히 다 들여다보이는 얇은 속옷 차림의 아가씨가 나를 반겼다. 열(熱)은 열로 때우고 냉(冷)은 냉으로 때워야 한다고 했던가? 열대 지방에서의 뜨거운 한증은 그것대로 또 하나의 짜릿함을 만끽할 수 있었다.

얼마쯤이나 시간이 흘러갔을까?

나는 배가 고팠기에 무엇인가 먹어야 하겠다는 생각을 하며 밖으로 나왔다. 홀에 먼저 나와 기다리고 있던 양 대령과 이 중령의 몸에서도 김이 모락모락 나고 있었다.

양 대령이 짓궂게 먼저 입을 열었다.

"자네와 함께 나온 그 아가씨 말이야, 양귀비 중에서도 으뜸가는 양귀비 같더군."

"행운의 캡틴 박, 당신은 역시 행운의 사나이야!"

연이어 이 중령이 농담을 해댔다. 실제로 '행운의 캡틴 박'이란 말은 월남군 장성이 나에게 붙여준 별명이었다. 월남군 보병 제2사단장인 그는 월남 은성 훈장을 나에게 수여하고 나서 나의 가슴을 향하여 정중히 거수경례로 예(禮)를 표했다. 그들 나름의 특유한 훈장 수여 방식으로, 국가의 상징물인 훈장에 대한 예의 표시였다.

아무튼, 나의 가슴에 훈장을 달아준 그는 악수를 청하며 영어로 말했다.

"캡틴 팍, 캡틴 팍, 당신의 전투 승리는 우리 자유 월남공화국 역사에 오래오래 기억될 것입니다. 캡틴 팍의 행운을 진심으로 축하합니다."

영어 발음상 잘 알아들을 수는 없었지만, 그의 행동 하나하나에는 자유 월남공화국을 대표하여 감사함을 보여주는 진실함이 느껴졌다.

그러나 그 후 그들은 결국 패망하고 말았다. 우리는 오랜 세월 동안 그들과 함께 열심히 싸웠지만 결국 그들은 끝내 자유를 빼앗기고 말았다. 그런 까닭에 그들의 패망이 더욱 안타깝고 안쓰러울 뿐이다. 무능한 정부와 끊임없는 정파 싸움, 온 나라에 만연된 부정부패와 일그러진 국민정신 그리고 안보 불감증이 그들을 그렇게 만들고 만 것이다.


기적 같은 행운의 순간들이 있은 후 세월은 내 머리칼의 빛깔처럼 흘러가 어느덧 사십여 년이 되어간다. 치열했던 전쟁터에서 행운의 상징물로 수여받은 훈장은 지금 이 순간 나의 장롱 속 깊은 곳에서 가만히 녹슬어가고 있다. 그러나 그날의 일들은 내 기억 속에서 더욱 빛나는 빛깔로 반짝이고 있다.

흐르는 세월도 우리의 위대함과 거룩함을 녹슬게 하지는 못하는 것이다. 그날의 일들은 영원할 것이다. 그렇게 가만히 되뇌어본다. 오랜 세월이 지난 지금도 가끔 그때의 일들이 똑같은 모습으로 꿈속에서 나를 찾아오곤 한다. 그 험난

하고 위험했던 고비 고비가 스쳐 지나갈 때는 온몸을 뒤틀
며 쩔쩔매느라 옷가지며 베개와 침구 전체를 흠뻑 적셔놓
곤 한다. 이것 역시 생과 사의 사선(死線)을 넘나들던 사람
들만이 갖는 특유의 전쟁 병(病)이 아닌가 생각하면 서글퍼
질 때도 있다.

– 2006년 5월

# 종갓집 오형제 이야기

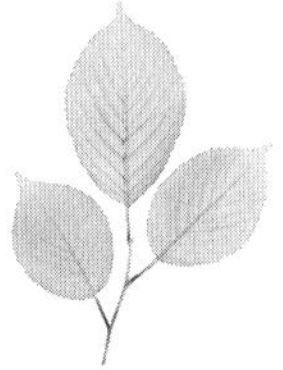

## 1. 덕담(德談)

후텁지근한 찜통더위는 좀처럼 물러설 기미를 보이지 않았다. 열대야는 닷새째나 이어지고 있었다. 가만히 앉아만 있어도 주체할 수 없을 만큼 땀방울이 줄줄 흘러 옷을 적시는 더위였다. 환태 씨의 가족 모두는 삼복더위를 즈음한 매년 이맘때면 어김없이 마포의 한 좁은 골목 모퉁이에 지어진 그의 2층 양옥집으로 모여들었다.

환태 씨의 정갈하게 빗어 넘긴 흰머리가 오늘따라 유난히도 반짝거렸다. 말끔히 차려입은 한복과 어우러져 환태 씨는 더욱 품위 있고 위풍당당해 보였다. 오형제 중 맏이로 태어난 환태 씨의 희수(喜壽) 잔치를 위해 오형제 가족들이 이 방 저 방 할 것 없이 꽉꽉 들어차 이른 아침부터 야단법석을 떨어댔다. 아마도 이 집 아낙네들은 수삼 일 전부터 먹고 마실 음식 준비에 땀깨나 흘리며 지지고, 볶고, 튀기어 대느라 고생깨나 했으리라.

"아래층 거실로 전부 나와 주세요."

종손(宗孫) 명수 씨의 말에 온 식구가 1층 거실로 모여들었다. 주방에서 풍겨오는 찌개 끓는 냄새와, 사람들의 몸에서 뿜어져 나오는 열기가 삼복더위에 뒤섞이면서 숨이 탁 막혀오는 듯한 느낌이 들었다. 하지만 그까짓 더위쯤이 무슨 대수겠는가. 작년보다 더 잘 차려진 생일상을 앞에 두고 상석에 환태 씨 부부가 앉으며 엄숙하게 생일 행사가 시작됐다.

먼저 맏아들 명수 씨 내외가 절을 하고 나서 무릎 꿇고 앉아 술잔을 그득히 따라 올렸다. 건강하게 오래도록 사시라고 정중한 예를 올리는 것 또한 빠지지 않았다. 그러고는 잠시 정적이 흐른다. 이 시간만큼은 절을 받는 사람과 절을 하는 사람 이외에는 될 수 있으면 말을 삼가는 것이라는 것을 모두 알고 있기 때문이다. 환태 씨 내외 앞에서 명수 씨는 이마에 연방 구슬 같은 땀방울을 뚝뚝 떨어뜨리고 있었다. 등은 이미 흥건하게 젖어 있었다. 명수 씨뿐만이 아니었다. 누구라고도 할 것 없이 얼굴에서 흘러내리는 땀방울을 연방 닦아내고 있었다. 이미 물수건과 같이 변해버린 손수건으로 연방 땀을 훔쳐내는 명수 씨의 아내는 짜증스럽고 피곤하다는 표정을 역력히 드러냈다.

"장사는 잘 되니? 아이들 공부는 잘하고?"

환태 씨는 예년과 다름없는 간단한 덕담을 부드럽게 건넸다. 환태 씨의 덕담이 끝나자마자, 기다렸다는 듯 환태 씨의 부인이 몸을 가다듬더니 헛기침을 했다. 집안 종부인 환태 씨 부인의 이 헛기침소리가 예사롭지 않다. 오래전부터 품고 있던 며느리에 대한 불만을 이참에 확 털어놓을 셈인가 보다. 그녀는 고개를 꼿꼿이 세우고 당당한 표정을 지었지만, 한편으로는 긴장된 모습을 감추지는 못했다. 그를 지켜보고 있던 주변의 가족들은 그녀의 예상치 못한 태도에 눈동자들만 깜박거렸다.

환태 씨 곁에 앉은 그의 형제들은 그녀의 심상치 않은 모습에 일말의 긴장감을 느꼈다. 그들은 항상 품행이 단정하고 엄격한 성격이면서 매사에 세심한 주의를 기울이며 살아가는 맏형수를 늘 돌아가신 어머님 대하듯 어려워하면서 지내왔던 터였다. 그들은 그동안 고부간의 갈등이 점점 불거져왔다는 것을 어느 정도 알고 있었다. 시도 때도 없이 찾아드는 제사와 생일, 설과 추석명절, 그리고 조카들의 백일과 돌 등 각종 행사로 맏며느리인 명수 씨의 아내는 항상 번잡한 생활을 줄줄이 이어갈 수밖에 없었다.

경제적인 어려움은 차치하고라도, 단출한 집안에 시집간 다른 친구들처럼 남편과 오붓이 영화를 보러 가거나 여행을 가는 등 낭만적인 생활을 누리지는 못할망정 맘 편히 취할 수 있는 휴식 한번 제대로 누리기 어렵다는 것이 그녀의 커다란 불만이었다. 한편, 환태 씨 부인은 환태 씨 부인대로 종갓집 맏며느리로서 당연히 감당하여야 할 일을 하면서도 항상 불만에 차 있는 며느리를 곱게 볼 수 없었다. 자신 역시 환태 씨 댁으로 시집오면서부터 묵묵히 감당해왔던 일이었기 때문이다. 서로 불만의 골은 조금씩 깊어져가더니 이제는 사소한 내용을 가지고도 언쟁을 벌이게 될 정도였다.

모두 조심스럽게 지켜만 보고 있었다. 한순간의 정적이 스산한 분위기마저 감돌게 했다.

"얘야, 큰며느리야!"

침묵을 깨는 환태 씨 부인의 목소리는 짧고 단호했다. 환태 씨 부인은 모든 식구들을 한자리에 모아놓고 며느리를 따끔하게 혼내주고자 오래전부터 벼르는 터였다.

"너는 종부(宗婦)라는 말이 무슨 뜻이고 종부의 책임이 얼마나 중요한 위치인지 한 번쯤 생각해 본 적이 있느냐?"

그녀의 훈계는 며느리가 그 집안에서 감당해야 하는 역할을 '종부'라는 한자(漢字)가 함축하고 있는 뜻을 설명하는 것으로 시작했다. 종부의 종(宗)자는 마루 종자다. 종(宗)자를 한문 부수대로 풀이하면 갓을 쓴 사람, 즉 존엄한 사람을 위로 올려 본다는 의미이니 과히 높은 격의 한자라 할 수 있다. 따라서 '종가(宗家)'나 '종손(宗孫)' 또는 '종부(宗婦)'라는 단어는 조상 대대로 내려오는 장손과 그의 부인에게만 주어지는 하나의 존칭어로서, 종(宗)자가 들어간 집이나 사람은 비하(卑下)하거나 홀대하지 않는 것이 관습이었다. 이는 집안의 중심을 우러러보게 함으로써, 가족들 간의 위계와 조화를 이루어 나가겠다는 우리 조상의 '가정관'과 관계되는 것이다.

한편, 종손이나 종부는 종(宗)자가 부여하는 권위와 맞물려 남들보다 엄격한 도덕률이 강요되었다. 특히 품행을 단정히 하여야 하며, 대소사(大小事)에 다소 힘들고 마음에 들지 않는 것이 있다 하더라도 이를 참고 견디는 인내심이

요구되었다. 환태 씨 부인은 종부(宗婦)라는 단어가 주는 육중함으로 며느리의 기를 꺾어놓으려 했다.

"나도 이 집안에 종부로 들어와 그동안 모든 것을 다 잘하면서 살지는 못했어, 때로는 본의 아니게 실수도 하고……. 힘들고 짜증스러운 때가 없었다면 거짓말이겠지. 다만, 그때마다 참고 견디면서 내색하지 않고 내 위치에서 벗어나지 않으려고 노력했다는 것만큼은 자부할 수 있다."

말이 끝남과 동시에 그녀는 며느리와 아들을 흠칫 쳐다본다.

잠시 또 한 번 정적이 흐른다.

"큰며느리 너는 똑똑하니, 이쯤 했으면 내 말이 무슨 뜻인지 알아들었으리라 믿는다. 아무튼, 더운 날씨에 이 많은 음식 장만하느라고 고생 많았다. 그리고 네가 종종 말하던 제사의 절차나 방법 등 우리 가문의 각종 제도 변경에 관한 사항은 별도의 시간을 내어 너의 삼촌들과 논의할 것이니 그렇게 알거라."

예상치 못했던 시어머니의 촌철살인(寸鐵殺人) 같은 훈계에 명수 씨 처는 당황했다. 시어머니만 있는 자리라면 몇 마디 대꾸라도 해보겠는데, 집안 어른들이 지켜보는 자리라 그저 "예. 어머님."이라고 나지막하게 대답하는 수밖에 없었다. 명수 씨 처는 그렇게 물러나 뒷걸음질쳤다. 어색한 분위기를 바꾸어 보려는 듯, 이내 둘째 아들 철수 씨 내외가 싱긋 웃으며 넙죽 절을 하고 술을 따른다. 그러나 이번에는 술잔을 받아든 환태 씨가 자못 엄숙하게 굴었다.

"둘째야, 네 나이가 지금 얼마지?"

"예, 올해로 마흔 살인데요."

"나이 마흔이면 불혹지년(不惑之年)에 도달한 나이가 아니더냐? 너도 이제 어엿한 중년에 접어들었구나."

환태 씨는 냉큼 술 한 잔을 비우고 나서 목소리를 높인다.

"그런데 너는 분가한 지도 벌써 10여 년이나 지났고, 경제적으로 이제 그만큼 자리가 잡혔으면 너의 삼촌들이나 사촌들을 한 번쯤 집으로 초대해서 집 구경도 시켜주고 해야 하지 않겠니?"

덕담이라기보다는 질책에 가까웠다.

"아버님, 죄송합니다. 그동안 이이가 직장 일이 좀 바빠서요."

당황한 철수 씨 처가 짧게 대답한다. 대답이 끝나기도 전에 갑자기 환태 씨의 아래 동생인 환구 씨가 끼어들었다. 생일상 앞에서 자식들이 큰절 할 때 당사자 이외에는 될 수 있으면 말을 삼가야 한다는 금기를 깨고 말이다.

"그래, 그것은 너의 아버님 말씀이 백번 옳은 말씀이시다."

입 주변에 굵은 주름이 팬 환구 씨는 목청을 가다듬으며 장황한 설명을 늘어놓을 태세다. 고등학교를 졸업하고 한때 고향에 머물면서 서당에 입문하여 『대학』, 『논어』, 『중용』을 습득, 한학과 유교사상에 박식하여 일반 예절이나 대소사 간의 각종 행사에 관한 화제가 오고 갈 때면 언제나 유식한 지식만큼이나 능변을 늘어놓곤 하던 환구 씨였다.

"잔치하는 집이 문풍지 하나라도 더 바른다는 속담이 무슨 뜻인지 아니?"

역시나 오늘도 환구 씨는 속담을 끌어들여 말문을 연다. 유식한 사람은 속담이나 경구를 자유자재로 이용할 줄 알아야 한다고 굳게 믿는 그였다.

"잔치하는 집이 문풍지 하나라도 더 바른다는 속담은 손님을 초대하고 잔치를 벌임으로써 그 집이 더 발전하게 된다는 뜻을 내포하고 있다. 다시 말해서 손님을 초대해 잔치를 벌이려면 준비하는 과정에서 집 안팎 대청소를 하고 각종 비품과 가구들을 재배치하고 정리 정돈을 하게 되는데, 이 과정에서 고장이나 파손된 집기는 수리하고 수명이 다한 물품은 새로운 것으로 교체해야 한다. 또한, 손님들이 와서 여러 가지로 좋은 충고를 해주기 때문에 손님들을 초청하는 것이 자기 발전의 기회가 된다는 것이다. 반대로 사람들이 자기 집에 드나드는 것을 싫어하면 그 집안이 어지럽고 더러우며, 고장이나 쓸모없는 물건들이 여기저기 널브러져 있게 마련이고, 자기 발전을 꾀하기는커녕 오히려 저속한 생활환경 때문에 퇴보하게 되는 것이다. 비단 철수 너만을 두고 하는 이야기가 아니다. 여기에 있는 조카들 모두는 이 속담에 담겨 있는 큰 뜻을 깊이 명심해서 앞으로는 될 수 있는 대로 서로 잦은 왕래를 했으면 한다."

환태 씨의 생일 분위기가 예년과는 다르게 훈계 형태로 전개되자, 다음 순서인 막내아들 기수 씨 부부는 바짝 긴장했다. 이제는 지켜보는 사람들도 기수 씨 부부는 또 어떤 훈계를 들을지 자못 흥미롭다는 표정들이었다. 기수 씨는 늦둥이로 태어나 항상 귀여움을 독차지하면서 자랐다. 그의 나이는 30세로 맏형인 명수 씨와는 무려 20년이나 차이가 난다. 한 달 전에 결혼한 기수 씨는 현재 처와 함께 환태 씨 집에서 살고 있다.

"아이고, 우리 막내아들 저 애는 언제나 응석이 없어질까?"

술잔을 받아들자마자 환태 씨 부인이 가볍게 웃으며 운을 띄웠다. 늦둥이 기수 씨는 형들과는 달랐다. 어머니가 하는 말에는 대꾸도 없이 오히려 자기 부인에게 손짓을 해대며 엉뚱한 질문을 한다.

"어머니, 이 사람은 언제쯤이나 한복을 벗어 던지고 평상복으로 갈아입지요?"

환태 씨 부인은 안색이 변하며 질문을 던진 아들 대신 불편한 심기로 곱게 차려입은 며느리를 쳐다보며 대꾸한다.

"언제 갈아입다니? 3개월은 입어야지."

잠시 침묵이 이어지자 평소 막내며느리에게는 자상하기 그지없는 환태 씨가 다소 부드럽게 부인의 말을 이어 며느리를 달랜다.

"새아가야, 우리 집안은 대대로 새로 들어온 새댁은 무조건 석 달 동안 한복을 곱게 차려입고 아침마다 부모님께 문안을 드린단다. 좀 불편하더라도 3개월 동안만 참고 견디면서 어른들을 모시는 방법을 잘 익혔으면 한다."

환태 씨의 말이 끝나자마자, 이번에도 역시 환구 씨가 또 나선다.

"형님, 그 문제라면 질부한테 제가 좀 자세히 설명을 해 줘야겠네요, 요즘 애들은 새댁이 한복을 입어야 하는 이유를 잘 알 수가 없겠죠. 본래 전통적으로 새댁이 한복을 입어야 하는 기간은 1년 또는 그보다 더 길었었는데 언젠가부터 3개월로 변해버렸단다. 그런데 왜 새댁들이 불편한 한복을 오랫동안 입어야 하느냐 하면……."

환구 씨는 설을 풀어낸다.

"새댁이 한복을 곱게 차려입고 일상생활을 함으로써 이웃에 사는 총각들이 새댁임을 알아차리고 곁눈질을 하지 않게 된다는 것이지. 반대로 말하면 나도 어엿한 남편이 있는 부인이니 총각들은 나를 함부로 넘보지 말라는 하나의 경고로써 그 동리의 총각들이 그녀를 부인으로 알기까지의 기간이 적어도 3개월은 되어야 한다는 것이야."

듣고만 있던 기수 씨가 눈을 부릅뜨면서 대꾸하려 하자, 환태 씨 부인이 조용히 눈짓을 줘서 간신히 제지한다.

"굳이 또 다른 이유를 든다면 새로운 가정으로 출가해왔으니 전통의상인 한복을 곱게 입고, 조심스러운 행동을 하면서 부모님은 물론 모든 가족들과 이른 시일 안에 친숙해지라는 것이지. 그러니 너희가 한복 입는 것에 대해 불평을 해서는 안 될 일이야. 암, 그렇고말고."

예년 같으면 5분이면 끝날 자식들의 큰절 인사가 오늘은 벌써 반 시간도 더 걸렸다.

## 2. 할머니 제사

며칠째 계속되는 장맛비로 무더위는 한풀 꺾이어 있었다. 생일 행사를 치른 지 불과 20여 일 만에 환태 씨 가족들은 또다시 마포의 2층 집으로 모여들었다. 주방에서는 제물이며 먹고 마실 음식을 준비하느라 아낙네들의 손길이 분주히 움직이고 있었다. 거실에서는 남자들이 제사상 주위를 서성거리며 제물들이 들어오기를 기다리고 있었다. 손자들은 자기들끼리 모여서 서로 장난치기에 여념이 없다.

저녁 8시가 조금 지나자 각종 제물이 제사상에 그득하게 채워졌다. 촛불과 향이 가지런히 놓이고, 전면 병풍 한복판에는 지방이 반듯하게 붙여졌다. 아직도 엄격한 집안에서는 옛날처럼 새벽닭이 울기 직전에 제사를 지낸다지만, 도시생활에서는 교통문제와 주거여건 등 번잡한 도시 환경 때문에 어디 그게 쉬운 일인가. 저녁에 제사를 지내고 그 음식으로 함께 식사를 하는 것이 대다수 집안에서 행해지는 일반적인 것으로 바뀌고 있다.

환태 씨 집안 역시 예외는 아니었다. 향을 피우고, 술을 따르고, 여러 번의 절을 하고 나서 곧 지방을 떼어내 불태워 버렸다. 그리고 음복……. 한 달에 두세 번씩 지내는 제사였다. 익숙한 순서에 따라 기계적으로 움직이다 보니 어느새 제사는 끝나고 이내 저녁상이 차려졌다.

오늘은 할머니 제사인 관계로 자연스럽게 할머니와 할아버지에 대한 이야기가 식사하는 동안 이어졌다.

"할아버지는 충청도 첩첩산중 오지의 조그마한 마을에서 자라났지. 일찍 증조부, 증조모를 여읜 할아버지는 당시에는 늦은 나이인 20대 중반에야 비로소 할머니와 결혼을 하였는데, 그때 돌아가신 선친으로부터 상속받은 논 6마지기와 밭 300평이 재산 전부였단다. 경제적으로 힘들게 시작한 결혼 생활이었지만 할아버지 내외는 집안을 일으켜보려고 밤낮없이 열심히 일하시고 참 알뜰하게 사셨다. 유달리 축산에 재능이 뛰어나셔서 소·돼지와 같은 집짐승을 키우며 재산을 불리기 시작했고, 50대 이후부터는 번듯한 중농이 되어 700여 평 정도 되는 대지에 큰 양철집을 안채와 사랑채로 구분하여 지어놓고, 마을에서도 꽤 유복하게 사셨지."

환태 씨의 말에 이어 "그렇지요, 형님." 하고 환구 씨가 말을 이어갔다.

"그래서 그때 마을 사람 대부분이 헐벗고 굶주렸던 그 비참한 보릿고개 시절에도 우리 집 곳간에는 항상 하얀 쌀이 가득히 쌓여 있었지. 굶주림에 시달리던 마을 사람들은 우리 집을 수시로 드나들면서 기웃거리다가 남정네들은 괜스레 마당을 깨끗이 쓸거나, 연장간에서 도끼를 들고 나와 장작 나무를 패대기도 했지 뭐냐. 아낙네들은 어머니를 도와 주방 일을 하거나 길쌈질을 하고 말이다. 마을 사람들은 우리 집을 위해 무엇이든 돕기를 원했고, 그 대가로 쌀, 보리 또는 싸라기나 좁쌀 등 먹을거리를 조금씩 얻어가곤 했었단다. 또한, 매년 한 차례씩 끼닛거리가 없는 가난한 사람들에게 장례 쌀을 식구 수에 따라 두 말 또는 서 말씩 꿔주기도 했는데, 그들은 그 쌀을 장터에서 보리쌀로 바꾸고 나서, 이 보리쌀로 긴 여름을 보낸 후 가을 추수 때에 이자를 더하여 갚아야 했어. 그리고 우리 집 소작농들은 할아버지나 아버지의 눈 밖에 나지 않도록 항상 머리를 조아리곤 했는데, 어떤 사람들은 어머니를 마님이라, 할머니를 큰 마님이라 불렀고, 게다가 우리 형제들도 길에서 만나면 도련님이라 부르기도 했지. 허허."

환구 씨 웃음소리가 끊기기도 전에 이번에는 목덜미에 피어난 검버섯이 두드러져 보이는 환봉 씨가 말을 이어받았다.

"그래요, 형님. 우리는 할아버지 덕분에 유복하게 살았어요. 근데 저는 할아버지보다는 재미있는 얘기를 자주 들려주시던 할머니 생각이 더 나네요."

머리가 반쯤 벗겨진 환봉 씨는 떠오르는 할머니를 생각하며 얼굴에 미소를 지었다.

"그 당시 시골에는 글을 읽을 줄 아는 사람이 어디 흔했겠느냐. 극히 소수에 불과했고 대다수는 어릴 적부터 먹고사는 문제에만 매달리느라 글이라고는 전혀 관심이 없었지. 할아버지를 포함한 거의 모든 사람들이 문맹자였어. 그런데 우리 할머니는 할아버지와 달리 언문을 잘 읽고 쓸 줄 아셨거든. 그 당시 산골 노인치고는 보기 드물게 책 읽기를 매우 즐기셨지. 자신이 아는 이야기를 남들에게 전달하는 것을 좋아하시고 사교술이 뛰어나셔서 항상 우리 집에는 할머니의 이야기를 들으려는 사람들로 북적 북적댔지."

그때였다. 한쪽 구석에서 턱을 괸 채 가만히 듣고 있던 중학생 손자 녀석 하나가 "할아버지, 그럼 그때는 학교가 없었나요?" 한다.

환봉 씨가 대답하기 전에 환구 씨가 또 끼어들었다.

"그때 그런 산골에 학교가 어디 있어, 전깃불 구경도 못 하던 동넨데. 학교라고는 한 40리쯤 되는 읍내에 초등학교 하나가 있었는데, 버스가 없어서 학교에 가려면 한나절씩 걸어서 가야 했으니, 먹고살기도 어려운 판에 어떻게 학교에 다니겠어."

또 한 녀석이 질문을 했다.

"그러면 할아버지들은 어떻게 공부를 했지요?"

"으응, 그건 말이야."

이번에는 환태 씨가 대답을 했다.

"그러니까 내가 여덟 살 때 집에서 오 리쯤 되는 곳에 처음으로 학교가 하나 생겼어. 그 학교가 지금의 가좌초등학교인데, 내가 그 학교의 1회 졸업생이니까 그 학교가 문을 연 지도 벌써 70여 년이 넘었구나."

또 다른 손자가 질문 해댄다.

"할아버지, 그러면 그때는 과외 같은 것은 없었겠네요?"

"아냐, 그때도 과외는 있었어."

예상했던 답과 달리 당시에도 과외가 있었다는 환봉 씨 말에 모든 손자들이 일제히 눈을 휘둥그레 뜨면서 매우 흥미로운 표정을 지었다.

"으응, 그건 말이야. 그 당시에는 책이 부족하여 각종 교과서를 마을별로 한 권씩만 나누어 주었는데 우리 마을은 학생이 6명이나 됐기 때문에 학교가 끝나면 한곳에 모여 그 책을 베껴댔으니 방과 후 과외를 한 셈이지."

"에이, 그게 무슨 과외 공부예요."

손자 녀석들이 시시하다는 듯 말한다.

환봉 씨가 지금의 손자 녀석들 같았던 60여 년 전 6·25 전쟁이 일어났다. 전쟁이 터지면서 초등학교는 무기한 휴교령이 내려졌다. 학생들은 수업 없이 마음껏 뛰어놀 수 있다는 기대감에 한동안 들떠 있었다. 하지만 먹고살기 어려웠던 그 시절, 마을의 모든 어린이들은 너나 할 것 없이 어른들의 손에 이끌려 들판에서 삽과 곡괭이질을 하는 일꾼이 되어야 했다. 책가방은 먼지만 폭폭 쌓였다.

상황이 이렇게 되자, 옛날이야기를 재미있게 해주는 동네 어른들은 아이들에게 최고의 인기였다. 아이들 속에 잠재되어 있는, 새로운 것을 보고 듣고 싶은 갈망을 이들이 조금이나마 해소시켜준 것이다. 사람들에게 다정다감했던 환봉 씨 할머니는 그중에서도 특히 인기가 많았다.

환봉 씨 할머니가 돌아가신 지도 55년이란 긴 세월이 지났다. 그녀는 손자 5형제 중 환봉 씨를 가장 예뻐했다. 친정에 가고 올 때나 이웃에 마실 나갈 때면 항상 환봉 씨를 데리고 다녔다. 잔칫집에서 손자들을 위해 먹을거리를 가져오면 환봉 씨를 위해 특별히 한 뭉치를 따로 챙겨 두었다가 몰래 주곤 했다. 환봉 씨는 할머니 품에 안기어 있으면 엄격하기만 하고 항상 일에 쫓기며 사는 어머니보다 더 아늑하고 포근한 느낌을 받았다. 환봉 씨는 할머니가 읽어주는 소설 이야기를 밤늦도록 듣다가 잠들곤 했다.

환봉 씨 할머니의 친정은 집으로부터 멀지 않은 곳에 있었다. 그곳에는 할머니 남동생이 살고 있었다. 그도 누나를 닮아서 책 읽는 것을 좋아했고, 남들한테 자신이 읽은 소설을 곧잘 구술해주곤 했다. 환봉 씨는 이 할아버지를 그가 사는 마을 이름을 따서 '모일 할아버지'라고 불렀다. 모일 할아버지는 누나네 집에 가끔 들렀다. 워낙 조그만 동네라 모일 할아버지가 나타나면 곧 소문이 퍼지고, 이내 마을 노인들은 재미있는 이야기를 들을 셈으로 환봉 씨 집으로 모여들었다. 할머니가 사용하던 안방과 뒷방은 미닫이로 된 문으로 연결되었는데 동네 할머니들은 안방에, 할아버지들은 뒷방에 자리를 가득 메웠다.

환봉 씨의 할머니 방에는 『삼국지』, 『춘향전』, 『심청전』, 『장화홍련전』, 『임꺽정전』 등 당시 시골에서는 구경키 어려웠던 많은 이야기책이 항상 가지런히 놓여 있었다. 환봉 씨 할머니는 매번 환봉 씨의 손에 이야기책을 쥐어주면서 크게 읽으라고 재촉을 하곤 했다. 이번에는 춘향전이었다. 이미 환봉 씨는 춘향전을 두 번이나 반복으로 읽었기에 거침없이 줄줄 읽어 내려갈 수 있었다. 동네 노인들이 지그시 눈을 감는다. 매번 듣고 또 듣는 것인데도, 단 한 구절이라도 놓칠세라 잔뜩 주의를 기울였다.

숙종대왕 즉위 초에 성덕이 넓으사 성자성손은
계계승승하사 금고옥척은 요순의 태평 시절이요,
의관과 문 술은 우 임금과 탕 임금에 버금간다.


환봉 씨가 한껏 낭랑한 목소리로 읽어나갔다.

"으응, 역시 이야기책은 환봉이가 읽어야 해."

할머니가 환봉이를 칭찬했다.

"그려, 환봉이가 읽어야 해. 목청도 좋고 얼마나 구수하
게 잘 읽어."

윗방에 있던 한 할아버지가 맞장구를 쳤다.

노인들은 마당에서 또래들과 눈사람을 만들다 붙들려 들
어온 환봉 씨가 투덜거릴까봐 환봉 씨의 기분을 띄워주려
는 것이었다. 할아버지의 발에서 나오는 퀴퀴한 냄새가 코
를 찔러댔다. 윗방은 담배 연기로 가득 찼다. 한 할머니가
몹시도 피곤한 듯 코를 골면서 잠들기도 했지만, 노인 대부
분은 환봉 씨의 낭독 한 마디 한 마디를 집중해 듣고 있었
다. 이야기는 사또의 수청을 거절한 춘향이가 곤장을 맞는
장면으로 이어졌다.


"일편단심 굳은 마음은 일부종사의 뜻이오니, 한
낱 매를 친다고 내 마음 변하오이까?"

이때 남원부의 한량이며 남녀노소 없이 모두 모
여 구경할 때 좌우의 한량들이 "모질구나, 모질
구나, 우리 골 원님이 모질구나. 저런 형벌이 또

있으며 저런 매질이 또 있을까? 집장사령을 눈
익혀두어라, 삽 문 밖에 나오면 급살을 주리라."

안타깝게 듣고 있던 몇몇 할머니들이 훌쩍거리는 소리가
자잘하게 들려왔다. 한 할아버지가 "이봐, 할망구. 내 손수
건 줘?" 하고는 아랫방으로 넘어가 손수건을 건네받았다.
환봉 씨는 자신이 들려주는 이야기에 그런 반응을 보이는
할아버지, 할머니들을 보는 것이 재미있어서 더욱더 감정
을 실어 책을 읽어나갔다.

둘째 번의 매를 치니, "이부(二婦) 절(節)을 아옵
는데 두 남편을 섬기지 않는 내 마음, 죽어도 이
도령은 못 잊겠소." (중략) 스물다섯 번째 매를
치니, "소녀를 이리 말고 능지처참하여 죽여주면
죽은 뒤에 원조(怨鳥)라는 새가 되어 초혼 조(楚
魂 鳥) 함께 울어 적막공산 달 밝은 밤에 우리 이
도련님 잠든 후 파몽(破夢)이나 하여지이다." 춘
향이 기절하니, 엎드려 있던 형방 통인 고개 들
어 눈물 씻고, 매질하던 저 사령도 눈물 씻고 돌
아서며 "사람의 자식은 이 짓 못하겠네."

이 대목에 이르러서는 여기저기서 훌쩍거리는 소리가 들
려왔다. 할머니들 대부분이 눈물을 적시는 것이었다. 몇 번
이고 들어서 다 아는 줄거리지만, 언제 들어도 슬프기는 매

한가지였다. 이에 모일 할아버지가 옆에 앉아 있는 노인을 다그치며 재치 있게 분위기를 반전시켰다.

"아, 이 사람아! 얼른 갔다가 와, 쌀라."

소변이 급해서 얼굴이 노랗게 변해 있던 그 할아버지는 "아냐, 무슨 소리여, 이제 나올 대목만은 놓치면 안 돼."

그들은 글은 몰라도 문학적인 감성과 욕구는 대단했던 순박한 시골 노인들이었던 것이다. 이야기는 한창 절정으로 치달으며 춘향전의 백미인 어사출두 장면으로 이어지려는 순간, 갑자기 환봉 씨가 당황해하며 책을 내려놓았다.

"할머니, 몇 장이 찢겨서 없어."

할머니가 얼마나 되풀이하여 책을 읽었던지, 닳고 닳아 몇 장이 찢겨나가 없었던 것이다.

할머니는 이미 알고 있다는 듯 "응, 그래, 거기 몇 장 없을 거야." 하고는 환봉 씨를 불러 자신의 무릎에 앉히고는 직접 암송으로 이야기를 이어갔다.


남문에서 "출두야!" 북문에서 "출두야!" 동서 문에서 출두 소리가 청천에 진동하고……


할머니는 마치 책을 보고 읽는 것처럼 술술 막힘이 없었다.

"우리 누님, 참 기억력도 좋으시지!"

모일 할아버지가 할머니 흥을 돋웠다.

본관이 똥을 싸고, 멍석 구멍에 생쥐 눈뜨듯 하고, 문 들어온다, 바람 닫아라! 물 마른다, 목 들여라!

　동네 노인들이 한바탕 웃어 제쳤다. 할머니는 목청을 더욱 높였다.

　　어사또가 분부하되 "얼굴을 들어 나를 보라!" 하
　　시매, 춘향이 고개 들어 위를 살펴보니 걸객으로
　　왔던 낭군이 어사또로 뚜렷이 앉았구나.

　이야기가 절정에 이르자 노인들 사이에서 갑자기 함성이 터져 나왔다. 몇몇 할아버지, 할머니가 일어서서 두 손을 하늘로 번쩍 치켜들고 "만세!" 소리를 외치는데 천장의 서까래가 들썩들썩했다. 동네 노인들은 이 순간만큼은 인생의 시름도 몸의 통증도 다 잊어버린 듯했다. 몹시도 가난했지만 순박하게 삶을 영위해가던 그들에게 '옛날이야기' 는 단순한 재미를 떠나서, 헐벗고 몽매한 자신의 현실로부터의 도피처이기도 했던 것이다.

　대청마루에 걸려 있는 괘종시계가 '땡땡' 하며 아홉 번을 울린다. 사랑방에서는 새끼 꼬던 환봉 씨 아버지, 그 옆에서 도란거리며 화투치던 동네 아저씨들이 하던 일을 멈추고 어슬랑 거리며 툇마루에 모여들었다. 널따란 대청마루에서 밤참 먹을거리로 누렁 국수를 만들고 있던 환봉 씨 어머니와 친구들이 시커먼 가마솥에 넣어 푹 삶은 국수를 할아버지, 할머니 그리고 툇마루에 모여든 동네 아저씨들에게 한 그릇씩 떠서 안긴다. 모두 뜨거운 국수를 후후 불고 젓가락으로 휘휘 말아서 검붉은 나박김치와 함께 입에다

구겨 넣고 질근 씹어댔다. 한겨울의 동장군을 비웃기라도
하듯 그들의 이마에서는 굵은 땀방울이 송골송골 맺혔다.

"어, 벌써 아홉 시 아냐. 저녁 뉴스 들어야지. 지선아, 텔
레비전 좀 켜봐라."
환태 씨가 소리쳤다. 환태 씨 소리에 환봉 씨는 추억의 회
상을 접어야 했다. 저편에 놓여 있는 영정 사진 속의 곱디고
운 할머니가 환봉 씨를 바라보고 환하게 웃고 있었다…….


## 3. 종갓집의 개혁

환태 씨 가족들은 오늘 또다시 모였다. 이번 달의 세 번
째 행사는 환태 씨 어머니의 제사였다. 제사를 지내고 예전
처럼 저녁 식사가 이어졌다. 며칠 전 할머니 제사 때 논의
가 있었던, 제사를 추도식으로 바꾸는 문제를 본격적으로
토론할 참이었다. 사실 이 문제는 몇 년 전에 환태 씨 부인
인 명자 씨가 교회 권사에 취임한 뒤부터 줄곧 제기되어 왔
다. 명자 씨뿐만 아니라 셋째 환봉 씨의 부인인 희영 씨, 넷
째 환치 씨의 부인인 윤자 씨 모두 교회 집사로 제사를 추
도식으로 바꾸기를 원했다. 그러나 유교사상에 깊이 빠져
있는 둘째 환구 씨 부부는 이를 강력히 반대해왔다.
사실, 제사를 추도식으로 바꾸는 것 때문에 발생하는 집안
내의 갈등은 환태 씨 집안에만 국한된 문제는 아니었다. 우
리나라 기독교 인구가 전체 인구의 3분의 1에 근접하면서,

제사로 말미암아 많은 집안이 내홍(內訌)을 경험하고 있다.

　제사를 지내는 관습은 조선 조 초기로 거슬러 올라간다. 고려 말 불교가 타락하면서 민중들은 미신에 빠져들었고, 예법이 해이해졌다. 새로운 왕조는 문란한 사회를 정화하고 백성을 교도하고자 타락한 불교의 대안으로 충효(忠孝)와 도덕(道德)을 근본으로 하는 유교를 새 지도이념으로 택하였다. 전통적인 유교사상에서 볼 때 제사를 잘 지내는 것은 자손으로서 행해야 하는 기본적인 덕목이다. 일찍이 공자는 부모(父母) 공경과 천주(天主) 공경, 즉 인륜(人倫)과 천륜(天倫)을 동일시하였다. 맹자는 귀중한 생명을 주신 어버이를 효(孝)로써 섬기는 것이 조상숭배의 가장 귀중한 근본이라 했고, 그 근본을 잊지 않고 보답하는 것이 예(禮)라 칭했다. 이에 조선왕조는 생전에 부모를 존경하고 받들며, 돌아가신 후에도 계속 예로써 섬기라고 민중들을 교도하였는데, 제사는 이를 위한 형식에 불과했던 것이다.

　그런데 제사는 세월이 지나면서 신령(神靈)을 흠향(歆饗)하거나 복(福)을 구하는 등의 혼백(魂魄) 신앙과 결합하였다. 이는 제사의 형식에 녹아들어갔는데 초혼(招魂), 즉 혼(魂)을 부른다 하여 대문을 활짝 열고, 빨랫줄을 걷고, 방문을 열어 놓으며, 무덤에서 나오는 조상의 영혼을 위해 음식을 차리고 그들이 제사상을 시음할 동안 불을 끄는 등의 절차가 이를 보여준다. 이러한 영혼 사상은 유일신을 신봉하는 기독교와는 전혀 타협할 수 없었다.

　"오늘은 다른 이야기는 하지 말고 제사 방법에 대해서만

토의를 하지. 한 사람씩 각자 자기의 의견을 이야기해보는
게 어때? 아래 동생부터 말해봐.”

환태 씨가 환구 씨를 바라보며 운을 띄웠다.

“지난번에도 이야기가 있었지만 나는 왜 제사를 추도식
으로 해야 하는지 도무지 이해가 되지 않아요.”

환구 씨의 말투도 표정에도 한껏 불만이 가득했다.

“맞아요, 어떻게 제사를 안 지내요?”

환구 씨 부인 옥순 씨가 끼어들었다.

“교회 다니는 분들은 이해가 안 되겠지만, 예로부터 제사
를 잘 지내야 아들도 낳고, 재물도 늘고, 건강하고, 집안이
번성하게 된다고 했어요. 옛말 틀린 것 하나 없다니까요?
어디 형님이 한번 설명 좀 해봐요, 이렇게 중요한 제사를
왜 안 지내려고 하는지.”

환태 씨 부인 명자 씨가 기다렸다는 듯이 응대했다.

“유교식 제사는 조상으로부터 물려받은 하나의 전통이며
관습이라고는 하지만, 오형제 중에 네 형제 가정이 다 교회
에 나가잖아요, 동서네만 빼고. 나도 교회 권사이지만, 아
래 세 동서도 교회에서 집사들이고, 이해 못하겠지만 제사
는 ‘우상을 섬기지 말라’ 는 성경 말씀에 위배가 되거든.”

환봉 씨가 형수를 두둔했다.

“많은 사람이 제사는 하나의 요식행위에 불과하고, 미신
적인 행위라는 것을 알고는 있으면서도 남의 이목을 의식
해 그것을 버리지 못하고 있다고요.”

이때 가만히 듣고 있던 환구 씨가 나머지 동생들과 제수

들을 번갈아 쳐다봤지만, 아무도 환구 씨를 도우려 하지 않았다.

"지금 우리 오형제 중 나 혼자 반대하고, 또 형님하고 형수님이 추도식으로 바꾸는 것에 대해 단호하시니 결국엔 그렇게 되겠네요. 형님, 저는 추도식에는 안 옵니다."

환구 씨가 격앙되어서 목소리를 높였다.

"아니, 만재 아빠, 왜 그래요? 좀 참아요."

옥순 씨가 옆에 앉은 남편을 말렸다.

"형님, 그러지 마시고 추도식은 어떻게 하는 건지 한번 들어보세요. 제사 지내는 것하고 형식만 다르지 부모님 기억하는 정신은 매한가지예요."

넷째 환치 씨가 조심스럽게 말하며 큰 형수 명자 씨에게 눈짓을 보낸다.

"추도식이라 해서 어떤 특별한 규정이 있는 것은 아니고 보통 예배를 보는 식으로 하는 거예요. 예를 들자면 먼저 신앙고백, 찬송, 기도, 성경봉독, 설교, 기도, 고인추모, 찬송, 그리고 축도 등을 하지요."

교회 권사답게 명자 씨가 자세하게 설명을 했다.

"고인추모 할 때는 약력 보고나 유훈 낭독 등도 하고, 찬송은 고인이 평소에 좋아하던 곡을 불러요. 고인이 생전에 좋아하던 것 위주로 음식도 준비해서 예배 후에 식구들끼리 나누어 먹기도 하고요. 그러니 형식만 다를 뿐이지 고인을 기리는 마음은 제사나 매한가지예요."

환치 씨가 설명을 덧붙였다.

잠잠히 듣고 있던 환구 씨가 퉁명스럽게 물었다.

"제주(祭主)는 누가 되지?"

"제주는 따로 없고 될 수 있으면 촌수나 서열 순으로 앉고, 사회나 설교, 기도를 맡은 사람을 편의에 따라 특별히 자리를 배정한다면 더욱 좋겠지요."

셋째 환봉 씨의 부인 희영 씨가 응대하자 "어머, 아예 서열도 없는 상놈 집안이 되는 거네." 하며 이해할 수 없다는 표정으로 옥순 씨가 받아쳤다.

이때 갑자기 환태 씨가 목소리를 높였다.

"계속 이렇게 나가면 오늘도 결론이 안 날 것 같으니, 내가 집안의 가장으로서 결론을 내려야겠네. 다음 아버지 제사 때는 추도식으로 한번 해보자고. 아래 동생이 불만이 있겠지만, 다수의견이니 따라주고."

최근에 볼 수 없었던 단호한 모습이었다. 환구 씨가 이해가 안 간다는 표정으로 환태 씨를 물끄러미 쳐다보았다. 환태 씨는 동생을 애써 외면하며 헛기침과 동시에 자리에서 일어났다. 더 이상의 말이 나오기 전에 자리를 뜸으로써 추도식으로의 전환을 강행하려는 것이었다.

"형님, 저하고 얘기 좀 합시다."

만만하게 물러설 환구 씨가 아니었다. 환구 씨 역시 환태 씨를 따라 눈살을 찌푸리며 일어났다. 둘 사이에 험한 말이 오갈까봐 환구 씨 부인 옥순 씨도 염려스러운 표정으로 그들을 따라나섰다. 명자 씨가 남아 있는 사람들을 보고 밝게 웃었다.

"모두 도와줘서 고마워요."

"말이 나온 김에 제사를 분담해서 큰집 부담을 좀 덜어주는 것도 이참에 아주 결론을 내리면 어떨까요?"

이제 조금씩 머리가 희끗희끗해지는 다섯째 환두 씨가 지금까지 조용히 듣기만 하더니 말문을 열었다.

"그렇게 해준다면 우리야 많이 고맙지."

명자 씨가 기다렸다는 듯이 응대했다.

환치 씨가 손위 형수 희영 씨에게 물었다.

"그거 저도 대충은 집사람한테서 들었는데요, 어떻게 하자는 것인지 형수님이 좀 자세히 얘기해 보세요. 형수님이 애초에 제안하신 거라면서요."

"그러니까 추석과 설 명절은 큰형님 댁에서 모이고, 할아버지 추도식은 작은 형님이, 할머니 추도식은 우리, 아버님 추도식은 넷째 집, 어머님 추도식은 다섯째 집에서 각각 치렀으면 해요. 그 대신 연간 두 번씩 하던 생일잔치를 각자 남자들 생일 때만 하는 걸로 하고요. 우리 여자들끼리 벌써 어느 정도 합의가 됐어요."

희영 씨의 설명이 이어졌다.

"그래, 그동안 큰집에서 혼자 다 하시느라고 너무 고생하셨어. 특히 종부가 너무 애를 많이 쓰셨어."

명수 씨 아내를 가리키며 환봉 씨가 거들었다.

"생일잔치 한 번을 줄여서 그 대신 추도식으로 하는 것이니, 누이 좋고 매부 좋은 식이군. 저는 찬성입니다."

"저도 찬성입니다."

환치 씨, 환두 씨 모두 동의하였다.

"서방님들의 마음이 정말 고맙군요. 눈물이 피잉 도네."

말은 눈물이 난다면서도 명자 씨는 큰 함박웃음을 지었다.

"숙부님 그리고 숙모님들 정말로 고맙습니다. 제가 그동안 아버님 어머님께 제사 때문에 속 많이 썩여드렸는데요, 앞으로는 그러지 않고 종부의 품위를 충실히 지키겠습니다."

오늘 대화의 최대 수혜자라 할 수 있는 명수 씨 아내는 눈물을 글썽였다. 명수 씨 아내의 말이 끝나자 일제히 박수 소리가 터져 나왔다.

어머니 제사로부터 한 달 뒤, 결정된 대로 환태 씨 아버지의 추도식이 환치 씨 집에서 치러졌다. 예상한 대로 환구 씨는 참석하지 않았지만, 부인 옥순 씨는 참석하여 모든 절차를 퉁명스럽게 지켜만 보았다.

명수 씨의 개식사에 이어 신앙고백, 찬송, 아버지에 대한 환태 씨의 간단한 회고, 그리고 주기도문을 마지막으로 추도식은 순조롭게 끝났다. 형형 색깔로 화려하기만 할 뿐 실제로 별 먹을거리가 안 되었던 제사 음식 대신, 환치 씨네는 얼큰한 동태찌개와 갈비찜 그리고 오이김치와 나물무침으로 간단하지만 정갈한 상을 차렸다.

추도식은 기독교 형식으로 진행되었지만 술은 어쩔 수 없었던지, 형제들은 소주잔을 돌리면서 언제나 그랬던 것처럼 이야기꽃을 피우기 시작했다…….

– 2006년 8월

# 수필


훈장 선생님과 천렵하던 날

한 편의 습작 시

추억의 향로봉

추억의 신혼시절

태풍 불던 날, 나는

월남전 회고

동지와의 대작

언어(말과 글)

청소년 탈선과 만혼 사상

까치의 교훈

북한의 대남전략과 우리의 안보 불감증

한미 간 작전통제권 환수 후의 가상 시나리오

고희사

# 훈장 선생님과 천렵(川獵)하던 날

중학교 시절, 방학 때만 되면 언제나 나는 서당에서 한학(漢學)을 배워야 했다. 그것은 엄하신 아버님의 뜻이었다. 훈장 선생님은 환갑을 훨씬 넘긴 할아버지였다. 하얀 모시옷을 깔끔하게 차려입고 시커먼 갓을 상투 위에 꽂아 쓴 채 기다란 담뱃대를 입에 물고 희뿌연 연기를 뿜어대는 그의 단아한 모습이 어린 나에게는 신비롭기까지 했다.

나는 형 또래 네 명, 아우 또래 네 명의 학동(學童)들과 공부를 했다. 훈장 선생님은 아침마다 각자의 진도에 따라 가르침을 주셨고, 우리는 온종일 배운 내용을 큰소리로 읽어대며 암송해야 했다. 해질 무렵 암송 시험을 통과하지 못하면 선생님은 사정없이 회초리로 장딴지를 내려쳤다. 당시 『동몽선습(童蒙先習)』을 배우고 있던 나도 몇 차례 그 회초리 세례를 받은 적이 있었다. 그런 훈장 선생님 할아버지 밑에서 무더운 여름을 지내야 하는 것은 우리에게는 고역이었다.

그렇지만 단 하루의 예외가 있었는데, 그것은 매년 중복(中伏) 날이었다. 해마다 이날만 되면 어김없이 천렵(川獵)을 했고, 학동들의 백일장이 열렸다. 또한 인근의 내로라하는 선비(한학자)들이 자작시(自作詩)를 제출하고 이 중 장원(壯元)을 뽑는 행사도 있었다. 선비들은 대부분 이웃 마을 서당의 훈장 선생님들이었다.

이날은 훈장 선생님이나 우리 모두 아침 일찍부터 흥분으로 가득 찼다. 붓, 벼루 등 필기구를 꼼꼼히 챙긴 훈장 선생님 할아버지를 따라 우리는 취사도구를 비롯한 먹을거리를 한 짐씩 짊어지고 유미 강으로 갔다.

유리알처럼 맑은 물속으로 모래알들이 곱게 펼쳐져 있다. 얕은 시냇물은 제자리에 가만히 고여 있는 것 같이 잔잔하다. 형들이 갈퀴를 들고 물속의 모래를 주룩 긁어댔다. 놀란 모래무지들이 튀어나와 바로 옆 모래 속으로 숨어든다. 우리는 양 손바닥을 모아 모래와 함께 고기를 건져 올렸다.

한편 선비들은 대님을 풀고 바지를 걷어 올린 다음, 버선을 벗어 바위에 가지런히 올려놓고는 양 발을 물속에 담근다. 선비들이 나지막하게 시조를 읊조리자 매미들이 울음을 멈춘다. 어떤 이는 숲속 바위에 올라앉아 굵다란 대 붓으로 그림을 그리고, 또 어떤 이는 살아 있는 물고기를 안주 삼아 막걸리 한 대접을 훌쩍 마시고 나서는 "좋다, 얼씨구 좋다" 소리를 지른다. 그러고 나서 손바닥으로 무릎을 '타닥타닥' 내려친다. 저 멀리 물 위에서 먹이를 쫓던 물새들이 놀라 하늘 높이 날아오른다.

형들이 바윗돌을 나란히 세워놓고 아궁이 삼아 불을 지피고, 급조된 화로에 밥을 짓고는 모래무지 매운탕을 끓였다. 꿀맛 같은 점심 후 우리는 선생님 앞으로 모여들었다. 형들은 8행 시, 우리는 4행시로 운(韻)을 받고는 이곳저곳으로 흩어져 시를 쓰기 시작했다. 나는 아무리 생각에 생각을 더해도 좋은 시구가 떠오르지 않았다. 하는 수 없이 한글로 아무렇게나 갈겨 써놓고 한문으로 고쳐 달라며 형들을 괴롭혔다.

선비들은 빙 둘러앉아 한 사람씩 고저(高低)를 맞추며 자신들이 지은 시조를 읊조린다. 저쪽 숲속에서는 종달새가 조잘대며 장단을 맞춘다. 멀리 남쪽 하늘에서는 뭉게구름이 둥실거리며 떠다닌다. 강 건너 늙은 소나무 가지에서는 백로들이 기다란 부리를 비벼대며 사랑놀이를 한다. 강변의 풀밭에서는 누렁이들이 한가로이 풀을 뜯고 있다. 마치 한 폭의 시원스레 그려진 동양화를 연상케 한다.

우리 훈장 할아버지 선생님이 자작시 대회에서 일등을 차지하셨다. "장원이요!" 하는 순간, 우리는 벌떡 일어나 마치 내가 장원을 한 것처럼 날뛰며 기뻐했다. 선생님은 그러는 우리를 말리시며 이웃 주막거리에 가서 막걸리 한 통을 받아오라고 하셨다. 장원 턱으로 선비들에게 한 잔씩 돌릴 셈이다.

마을의 아낙네들이 빈대떡 등 먹을거리를 가지고 들른다. 물가에서 발을 담그고 있던 선비가 재빠르게 몸을 움직여 버선을 신고 대님을 맨다. 아낙네들에게 발등을 보이는 것은 선비정신에 크게 어긋난다. 선비들이 목욕하는 모습을 본 사람은 아무도 없다. 머리 위의 갓을 벗는 날이면 상투 속에서 배어나오는 냄새가 콧속으로 스며든다.

　우리가 쓴 시가 선생님 앞에 놓였다. 기름 먹인 나무판자(詩板)에 함께 실린 네 편의 시는 우리 아우들이 4행으로 쓴 시다. 훈장 할아버지 선생님은 우리가 쓴 시를 꼼꼼히 읽어보시더니 만족하지 못하는지 어색한 미소만 자아냈다. 옆에서 지켜보고 있던 선비들이 형들이 쓴 시에 눈길을 보낸다.

　형들은 매우 긴장된 모습으로 네 편의 시가 들어 있는 시판을 선생님 앞에 반듯하게 펼쳐놓았다. 선생님은 붓을 들어 먹칠을 한 다음 처음 시에 동그라미 두 개를 그렸다. 또 어떤 형의 시에는 동그라미 세 개를 그려 넣었다. 세 번째 형의 시는 여러 번 거듭 읽어보시고는 동그라미 네 개를 치셨다. 그러고는 마지막 시로 시선을 돌렸다. 그의 얼굴은 이미 막걸리 기운으로 벌겋게 달아올라 있었다.

　그는 붓에 먹물을 다시금 흠뻑 적시었다. 이번에는 다섯 개의 동그라미를 큼직하게 그려 넣었다. 그러고는 “좋다!” 하고 외쳐대면서 무릎을 탁 쳤다. 주변에 있던 선비, 형들, 그리고 우리는 모두 힘차게 손뼉을 쳐댔다. 시판에 동그라미 다섯 개를 받은 윤제 형이 장원한 것이다. 윤제 형은 멋쩍은 듯 주변을 힐끔거리더니 선생님 앞으로 다가서서 넙죽 큰절을 올렸다. 선생님은 잘했다며 격려하셨다. 윤제 형이 주머니를 뒤적거리며 주막으로 달려가 막걸리를 사다가 모든 선비들에게 한 사발씩 떠 드렸다.

　천렵을 마치고 집으로 돌아오는 우리의 발걸음은 가벼웠다. 술이 거나해진 선비님들의 발걸음 또한 매우 경쾌해 보였다.

　서당에서의 아름다운 추억을 더듬어보며 서투르게 쓴 시 한 줄, 중이 적삼 입은 몰골의 사진 한 점이라도 남아 있었으면 하는 아쉬움을 가져본다.

　한편, 한시 습작(習作) 기회를 저버린 한(恨)이야 무엇으로 표현할 수 있으랴…….

- 2006년 여름

경기도 용인 민속박물관 전리품 사진

# 한 편의 습작 시

　지금으로부터 십여 년 전 나는 생업의 일선에서 한발 물러났다. 한동안 만끽했던 해방감은 이내 사라졌고, 은퇴자 대부분이 그러하듯이 단조롭고 건조한 일상생활로 말미암아 삶의 활력을 잃어갔다.

　그렇게 지내던 어느 날, 나에게 '글쓰기'라는 색다른 즐거움이 찾아왔다. 학교 다닐 때 문학청년이랍시고 겉멋에 책 몇 권 읽고 연애편지 수준의 잡문 몇 편 지어본 이후로 수십 년 동안 글쓰기와는 담 짓고 살아왔던 나에게 한 친구가 불쑥 글쓰기를 권했던 것이다.

　무료함을 달래볼 양으로 별생각 없이 시작한 소설 쓰기에 나는 흠뻑 빠져들게 되었고, 비록 초보적 수준이기는 하지만 두 편의 단편소설을 탈고하는 창작의 즐거움을 맛보았다.

　두 편의 소설을 쓰는 과정에서 글쓰기의 기본기를 늘리고 싶은 마음에 문학 동아리 '너에게로 가는 카페'에 가입하였고, 회원들의 문학적 사고의 깊이와 수려한 문장의 구사에 도취돼 하루에도 몇 번이나 그곳을 기웃거렸다.

　수줍고 설레는 마음으로 댓글을 달거나 조심스러운 마음

으로 나의 소설을 게시판에 올리면서 몇몇 문인들을 온라인 상에서 사귀게 되었다. 새롭게 사귄 문우들이 대부분 시인이다 보니 나는 그들의 시를 자주 음미하게 됐고, 소설과는 다른 조밀하고 청아한 시의 매력에 흠뻑 빠져들게 되었다.

갈대 잎을 붓으로, 하늘을 화선지 삼아 써내려간 시(詩)는 나를 환상의 세계로 빠져들게 했다. 강원도 산골, 높고 깊은 준령(峻嶺)에서 머루 다래 따 먹던 추억을 정감 있게 노래한 시는 나를 젊은 시절로 되돌려 놓았다. 못다 한 효심을 한탄하는 애절한 시가 나의 눈시울을 적신다. 나비와 꽃 등 자연의 아름다움을 읊어놓은 시어(詩語)들은 신이 약속한 신비한 '그곳'을 상상해보게 했다. 사랑의 순수함을 경배하거나 이의 처절함을 울부짖는 시는 가슴 한 곳에 새겨야만 했던 그녀와 다시 마주서게 했다.

오묘한 시의 세계에 빠져든 나는 무엇인가를 쓰고 싶다는 강한 충동을 느꼈다. 하지만 내 마음속에서 꿈틀거리는 것을 글로 구체화하는 것은 여간 힘든 일이 아니었다. 쓰고 지우고, 다시 쓰고, 그리고 또 지우고…….

어느 기성 시인도 "좋은 시의 시구를 찾아낸다는 것은 광활한 평원의 암흑 속에서 정처 없이 길을 찾아 헤매는 나그네의 심정"이라고 토로했다는데, 하물며 이제 막 시의 세계에 첫발을 내딛는 초보자야 오죽했겠는가?

계속 되풀이되는 쓰고 지우기, 나의 시 습작은 좌절의 연속이었다. 사랑, 단풍, 눈물, 햇살, 남들의 시에서는 자연스러운 감정의 매개가 되는 단어들이 나의 시에서는 사전적인 의미로밖에 자리 잡지 못했다.

그러던 어느 날, 나는 문득 내게 맞지도 않는 남의 옷을 입으려 노력하고 있다는 생각이 들었다. 탐미주의 시가 나에게 깊은 시적 여운을 가져다준 것은 사실이지만, 내가 그런 시를 쓰는 것은 지나온 나의 삶을 돌이켜볼 때 흉내 내기에 불과하지, 진정한 나를 담아낼 수 없다는 결론에 도달했다.

고은 선생은 "시란 허상(虛像)이나 허구(虛構)의 것을 진실인 것처럼 기술(記述)하고 독자로 하여금 공감을 얻어내는 것이다"라고 역설했다. 그러나 국가의 안보와 관련된 특수사회에서 오랜 세월을 보낸 나로서는 허구와 허실이라는 단어는 친해질 수도 타협하기도 어려운 단어이다. 사실에 충실한 생활, 감정이 배제된 판단 등이 내가 지향해온 삶이었기 때문이다.

내가 몸담았던 국가 안보와 관련된 주제를 찾아보기로 했다. 우리나라가 처한 남북분단과 남남갈등의 심각성을 깊이 고민했다. 또한 중국의 동북공정 획책과 일본의 독도 영유권 주장 등 대외적으로 처한 환란 상황에 대해서도 성찰했다.

여러 날 동안 고심 끝에 '줄다리기' 라는 시제(詩題)를 설정하고 초고를 완성했다. 문학회 활동을 통해 알게 된 한 시인에게 자문했다. 고맙게도 그는 신랄한 비평과 더불어 수정의 방향을 제시해주었다. 그의 격려와 도움에 힘입어 다음과 같은 나의 첫 번째 창작 시가 작성되었다.

청군 이겨라 홍군 이겨라

영차 어영차(!) 밧줄 당긴다

오십팔 년 긴긴 세월 밧줄만 당긴다


백군 이겨라 황군 이겨라

영차 어영차(!) 싸움 번지니

파란 하늘 맑은 가슴 색깔에 찌든다


성난 살쾡이 발목 흔들고

동북 호랑이 상투 잡는데

동서남북 환란 중에 밧줄만 당긴다


황백 손잡고 홍 청 합치면

영차 어영차(!) 외풍(外風) 잠들어

동네방네 곳곳마다 새싹이 움트리라


영차 어영차 밧줄 자르고

독도 백두산 촛불 밝히어

아름답고 풍요로운 꽃동네 이루자


-「줄다리기」 전문


나는 조심스러운 마음으로 이 시를 동호인 문학 카페에
게시했다. 여러모로 완성도가 떨어지는 시이기에 부끄러운 마음이 들었지만, 기성 시인들로부터 조언을 듣고 수정하고픈 욕심을 누르지는 못했다. 그러나 안타깝게도 아직 아무도 이 시에 평을 해주지는 않았다.

나는 틈이 날 때마다 내가 쓴 시를 읽어보고 또 읽어본다. 평생에 처음 써본 시이기에 한없는 애착이 간다. 나는 앞으로도 계속 시를 쓰고 싶다. 이제 시작이기에 앞으로 내딛는 재미가 쏠쏠할 것이다. 그러나 점점 쇠진(衰盡)해가는 몸과 빈 강정처럼 텅텅 비어가는 우둔한 머리 때문에 더 이상의 발전이 없을지도 모른다는 두려움이 앞선다. 나이 탓을 해 무슨 소용이 있으랴마는 좀 더 일찍 시작하지 않았다는 아쉬움이 크다.

세찬 바람에 나뒹굴던 낙엽이 나의 은색 머리에 달라붙어 펄럭인다.

– 2006년 가을

자유문예 6기 신인작가 등단식

# 추억의 향로봉

산허리를 굽이굽이 돌아 향로봉 정상까지 이어지는 잘 정비된 도로 위로 차들이 연이어 질주한다. 갓길 한적한 곳에 자신의 승용차를 세워놓은 백발의 한 노인이 지나가는 군 트럭을 바라보며 깊은 향수에 잠긴다.

1960년 가을, '덜커덕 덜커덕!' 쇳조각 부서지는 소리를 내며 국방색 트럭 한 대가 험난한 산길을 달려가고 있었다. 도로의 중간마다 자라난 이름 모를 풀잎들이 아무렇게나 널브러져 있다. 질퍽한 비포장도로에 움푹 파인 자동차 바퀴 자국을 따라 달린 지 한 시간쯤 되어, '여기는 이 도로의 최북단입니다' 라는 도로의 끝을 알리는 푯말 앞에 트럭이 멈추어 섰다.

온몸에 흙먼지를 함빡 뒤집어쓴 박 소위가 차에서 내려 쓰고 있던 모자를 벗어들고 먼지를 툭툭 털어냈다. 모자의 동선을 따라 다이아몬드 한 개가 반짝반짝 빛났다.

"필승!"

산 정상 초소에서 내려와 대기하고 있던 네 명의 병사들이 그를 정중히 맞이했다. 옆구리 총 자세로 중무장한 병사들의 모습에서 최전방임을 실감했다. 병사들을 따라 가파른 오르막길을 한 시간쯤이나 더 걸어갔을까? 그가 도착한 곳은 향로봉 정상에 있는 경계 초소였다.

강원도 고성군 간성에 위치한 향로봉은 일반인에게는 잘 알려지지는 않았지만, 금강산과 설악산을 이어주는 백두대간의 주봉으로 그 높이가 해발 1,293미터에 이른다. 빼곡히 들어찬 아름드리 자연림과 무성한 풀숲이 오랜 세월 인간의 때가 묻지 않은 청정지역임을 여실히 드러내 보였다. 계곡 숲속에서는 금방이라도 맹수들이 튀어나와 덤벼들 것 같았다.

14명의 대원과 간단한 인사를 마친 박 소위는 흙으로 엉성하게 지어놓은 움막집과 두 개의 창고 그리고 네 곳의 경계초소를 꼼꼼히 살펴보았다. 부사관 한 명이 그를 안내했고, 다른 대원들은 초소에서 경계 근무를 서거나 움막 안에서 휴식을 취했다.

초소에서 바라본 주변의 조망은 너무나 경이로웠다. 푸른 소나무와 단풍이 적절히 섞여 이채로운 경관을 자아냈고, 여기저기 아무렇게나 널브러져 있는 육중한 바위와 바위 틈새로 모질게 자라난 머루와 다래 열매가 주렁주렁 탐스럽게 익어가고 있었다. 그러나 그에게 있어서 이곳은 유람(遊覽)이 아닌 삶의 현장이었다. 세찬 뫼 바람이 몸속으로 파고들었다. 이내 박 소위는 이 바람이 자신이 견뎌내야 할 인고(忍苦)의 시작임을 직시했다. 땅거미가 지면서 암흑이 짙게 깔렸고, 이곳에서 지내야 할 겨울에 대한 두려움에 마음이 무거워졌다.

그의 첫 번째 임무는 월동용 보급품을 이곳에서 4km 지점인 산 밑 계곡으로부터 옮겨와 상하지 않도록 잘 저장하는 일이었다. 월동기간은 통상 11월 중순부터 다음해 3월 중순까지 지속된다. 이 시기에는 눈(雪)으로 인해 외부와 완전히 고립되므로 10월 중에 모든 작업을 완료해야 했다. 보급품은 차도(車道)가 확보되지 않아 병사들이 등짐으로 오솔길을 오가며 운반했다.

남북한 관계가 악화일로로 치닫고 있던 1960년대에 최전방에서의 보급품 운반은 그 자체가 하나의 '군사작전' 이었다. 정부의 통제로 언론에 보도되지는 않았지만, 최전방 비무장지대에서는 어느 한 쪽이 상대의 군사 진지를 기습하여 경계병을 잔인스럽게 살상하면 다른 한쪽이 이에 대해 보복하는 악순환이 반복되고 있었다. 이때 이곳에서부터 유래한 '밤사이 안녕' 이라는 말이 당시의 긴장된 상황을 잘 대변해준다.

박 소위는 보급품 운반 도중 적으로부터 있을지도 모르는 기습에 대비해 운반 자체에 필요한 병력보다 더 많은 경계 인력을 '작전' 에 투입해야 했다. 운반해온 보급품은 대부분 식품이었다. 상할 것을 우려하여 맵고 짠 장류와 절임 종류가 주류를 이루었는데, 최전방 위험지역이므로 타 부대에 지급되는 것보다는 양질(良質)이었다. 특이한 것은 암탉이 포함되어 있었는데, 이것은 쉽게 상하는 달걀을 자체 조달하기 위함이었다.

11월 말경 100cm 가까이 되는 큰 눈이 내렸다. 본격적인 월동기간이 시작된 것이다. 대원들은 손잡이가 달린 기다란 고무래로 지붕에 쌓이는 눈을 한없이 긁어내 막사의 붕괴를 막았다. 또한 초소 간 왕래에 필요한 통로를 확보하고자 눈이 내리는 동안은 미리 연결해놓은 네 개 초소 간의 새끼줄을 계속 빙빙 돌려주었다.

저 멀리 계곡에서 애절한 노루의 신음이 들려왔다. 노루가 먹이를 구하러 다니던 중에 뒷다리가 눈 속에 빠져 꼼짝달싹 못하게 된 것이다. 날이 개고 눈이 어느 정도 녹으면 얼어 죽은 노루, 산토끼, 산양 등을 손쉽게 주워와 포식(飽食)할 수 있었다.

향로봉은 온갖 야생동물의 보고였다. 부임 전 만났던 선임 초소장 김 소위는 작년 가을에 운 좋게 곰 한 마리를 포획했다고 자랑했다. 다리를 밧줄로 묶고 막대기를 꽂아 네 사람이 목도로 운반하려 했으나 힘이 모자라 두 명이 더 투입됐다고 하니 과히 그 크기를 짐작하게 한다. 김 소위는 그 곰에서 쓸개를 추출하여 정성껏 말린 다음 원통, 인제, 양구 일대에 소문을 내었지만, 그것을 살만한 재력가를 찾을 수 없어 휴가 때 서울 어느 한약방에 팔았고, 이로 고향에 전답을 사놓았다 한다.

월동기간 동안 그와 병사들은 막사와 초소만을 오고 갈 뿐, 일체의 행동에 제한을 받았다. 식사는 저장해둔 보급품으로 해결했고, 눈을 녹여서 식수로 대용했다. 기도비닉(企圖秘匿) 때문에 저녁에는 등잔과 석유가 있어도 불을 밝힐 수 없었다. 그러나 큰 눈이 마냥 나쁜 것만은 아니었다. 눈

쌓인 겨울은 게릴라전이 불가능하였기에 상대적으로 피아간(彼我間)에 평온을 유지할 수 있는 기간이기도 했다.

박 소위의 일과는 매우 단순했다. 네 개의 초소를 돌며 대원들이 식사는 잘 하는지, 동상에 걸리지는 않았는지를 꼼꼼히 살펴본 후 상급부대에 이상 유무를 보고하는 것이 하루의 유일한 임무였다. 그 외에는 온종일 라디오를 듣거나 철 지난 전우신문을 읽고 또 읽었다. 내무반에 비치된 소설책도 모두 읽었다. 봄이 올 때까지 발송할 수 없음에도 그리운 가족과 애인에게 많은 편지를 썼다. 남의 편지나 소설책에서 좋은 미사여구를 발견하면 이를 빌려 쓰고자 이미 다 봉해놓은 편지도 뜯어 고쳐 쓰곤 했다. 그리움이 사무치면 사무칠수록 편지 하나하나에 정성을 다했다. 누구랄 것도 없이 각자의 사물함에는 편지가 가득하게 채워져 갔다.

3월 초부터 대원들은 가족과 애인을 만날 수 있다는 설렘으로 마음이 들뜨기 시작했다. 박 소위도 그들과 별반 다르지 않았지만, 대원들 앞에서 이를 내색할 수는 없었다. 긴장이 풀어지면 안전사고의 위험이 커지기 때문이었다. 매혹하게 대원들의 군기를 잡았다.

드디어 산하(山河)에 쌓인 눈이 녹으면서 길이 열렸다. 겨우내 써놓았던 편지의 수신과 발송이 재개되었고 새로운 보급품도 지급되었다. 외박이나 외출 그리고 면회도 활발히 이루어졌다. 1박 2일간의 외박을 허락받은 박 소위가 서둘러 계곡으로 내려가 반년 전 자신을 태우고 왔던 트럭에 몸을 실었다. 트럭이 "덜커덕! 덜커덕!" 쇳조각 부서지는 소리를 내며 남쪽을 향해 달려갔다.

향로봉 길목에서 군용트럭을 바라보며 47년 전의 초임지에 대한 향수에 젖어 있는 박 노인의 하얀 머리카락 사이로 잔잔한 산들바람이 스쳐 지나간다.

– 2007년 2월

# 추억의 신혼시절

　1960년대는 북한 무장공비의 난립 등 남북 관계가 최악의 긴장 상태였다. 정부의 통제로 언론에 보도되지는 않았지만, 최전방 비무장지대에서는 어느 한 편이 상대의 군사 진지를 기습하여 경계병을 잔인스럽게 살상하면 다른 한 편이 보복하는 악순환이 반복됐다. 이에 한국군은 북한군의 진지 기습을 억지하고자 시계청소(視界淸掃)와 철조망 설치 작업을 전 휴전선에 걸쳐 광범위하게 시행하고 있었다.

　박 대위가 통솔하는 160여 명의 중대 인력도 시계청소를 위한 벌목 작업에 동원되었다. 그들이 배치된 곳은 갈대와 아름드리나무가 총총히 들어차 한 치 앞도 내다보기 어렵고, 북한군 진지가 멀지 않은 곳에 있어서 한순간도 긴장을 풀 수 없는 남북군사분계선 상의 한 지점이었다.

　천막생활을 시작한 부대원들은 매일 아침 6시에 기상하여 식사시간을 제외하고는 해질 무렵까지 줄곧 나무 베기만 하였다. '사각사각', '왱왱' 거리며 톱질을 해대다 보면 누군가 "넘어가요!"라고 고함친다. 그러면 일순간의 정적이 흐르고 아름드리나무가 '쿵' 하고 쓰러지면서 토끼, 노루, 고라니 같은 산짐승들이 후다닥후다닥 황급히 도망쳐

달아난다. 꿩들도 놀라 '꿩꿩' 소리 내며 하늘 높이 솟구쳐 오른다. 매일같이 이런 과정이 끊임없이 되풀이되었다.

육체적으로 힘들고 단조로운 일상생활에서 벗어날 수 있는 유일한 방법은 외박이나 휴가를 얻는 것이었다. 부대원 누구에게나 외박과 휴가는 사막의 오아시스였다. 박 대위도 외박 생각이 간절하였으나 부대원들의 사기를 생각하여 자신의 외박을 먼저 내세울 수는 없었다. 영외거주자 대부분이 외박을 다녀온 후에야 그는 자신의 외박을 상위부대에 신청했다. 지휘자로서 고생하는 대원들에 대한 최소한의 배려였다.


박 대위의 마음은 한껏 들떠 있었다. 3개월여 만에 처음으로 집에 '퇴근' 하는 것이다. 자신을 보고 수줍은 미소를 지을 아내와 그리고 "아빠!" 하며 뛰어나와 안길 두 살배기 딸 영아의 모습을 상상하며 서둘러 산에서 내려갔다. 운 좋게 산마루턱에서 보급품 운반용 군용트럭을 만나 귀가시간을 단축할 수 있었다. 최대한 아끼고 아껴야 할 소중한 1박 2일이 아니던가!

박 대위의 아내와 딸은 강원도 화천군 최북단 민가에서 전방으로 20여 리쯤 더 들어간 곳에 허름하게 지어진 군인 관사에 살고 있었다. 그곳에는 14가구의 위관(尉官)급 군인 가족들이 옹기종기 모여 함께 거주하고 있었다. 그들은 하루에 한 차례씩 어린아이들을 데리고 뒷동산에 올라 솔잎을 긁거나 나뭇가지를 잘라와 취사와 난방을 해결해야 했

다. 그러나 그런 육체적인 불편함보다도, 산속에서 천막생
활을 하는 남편과 떨어져 몇 개월씩 과부 아닌 과부로 혼자
아이들을 키워야 하는 외로움이 젊은 여인들로서는 더 견
디기 어려운 일이었다.

　조용하던 이곳 관사가 갑자기 술렁거리기 시작했다. 누
군가가 저 멀리 비탈길 넘어 군용트럭에서 어떤 군인이 내
려 뚜벅뚜벅 걸어오는 것을 보고 "외박이다!"라고 소리친
것이다. 관사 내의 군인 가족들이 우르르 뛰어나왔다. 누구
나 할 것 없이 목을 길게 빼고 한 발 한 발 관사 쪽으로 다
가오는 그 군인을 주시했다. 이내 그 군인의 모습이 희미하
게나마 드러났지만, 새카맣게 그을린 얼굴이 덥수룩한 수
염으로 반쯤이나 가려져 아직 누군지 분간하기 어려웠다.
누굴까? 그가 자기의 남편이기를 바라는 여심과 아빠이기
를 바라는 동심이 애틋하다.

　이윽고 박 대위의 모습이 드러나자 영아가 "아빠, 아빠!"
하며 종종걸음으로 달려 나가고, 자기의 남편임을 확인한
영아 엄마는 만면에 웃음을 가득히 짓는다. 그러는 영아 엄
마를 동료 군인가족들이 놀리며 축하해주었다.

　"영아 엄마, 축하해요! 영아 엄마 오늘 좋겠다."

　관사 식구들이 도로 쪽을 향하여 길게 줄지어 섰다. 높은
지위에 있는 사람을 부하들이 마중 나와 늘어서 있는 것 같
은 모양새가 되었다. 박 대위가 관사 입구로 들어서는 순
간, 그들은 함성을 지르면서 손뼉을 쳤다. 몇 명의 어린이
들이 "필승!"이라는 구호와 함께 거수경례를 했다. 박 대위

는 겸연쩍은 표정으로 오른팔을 반쯤 치켜들어 그들의 환영에 답했다.

영아가 박 대위의 품에 안겨 목덜미를 꼭 껴안은 채 떨어지려 하지 않는다. 영아는 "맴매"라고 응얼거리고는 손가락으로 엄마를 가리키면서 이맛살을 찌푸리며 불만스러운 표정을 짓는다. 엄마가 힘들고 짜증스러울 때마다 남편을 원망하며 영아의 엉덩이를 몇 차례 토닥거린 것을 아빠에게 고자질하고 있는 것이다. 지켜보고 있던 관사 식구들이 한바탕 웃음을 터트렸다.

영아 엄마는 음식을 준비하느라 이리저리 바쁘게 움직였다. 누구나 할 것 없이 자기 집에서 참기름, 밀가루, 달걀, 채소 등을 조금씩 가지고 와 영아 엄마를 도왔다. 오래간만에 튀김 냄새가 관사 촌을 진동시키고 있었다. 삭막하고 찌

들었던 최전방 산골의 조그마한 군인가족 관사 촌에 모처
럼 활기가 넘쳐났다.

다음은 누구 차례일까?

젊은 아낙네들이 삼삼오오 모여앉아 밤새도록 손가락셈
으로 점(占)액 질을 했다.

– 2007년 가을

# 태풍 불던 날, 나는

새벽 3시 반.

때 아닌 전화벨 소리에 나는 단잠을 깨야 했다. 청 내에서 심각한 상황이 발생해 급히 출근하라는 지시가 내려졌다는 운전기사의 다급한 전화였다.

"무슨 일이냐?"

나의 질문에는 대답할 겨를도 없이 그는 "집 앞에 나와서 기다리세요. 곧 가겠습니다."라는 말만 남기고는 허겁지겁 전화를 끊었다. 전에 없던 상황에 나는 매우 당황해하며, 급히 옷을 챙겨 입고 대문을 나섰다.

잠시 후 차가 도착했다. 운전기사는 직원들을 급히 청 내로 데리고 오라는 지시만 받았을 뿐 자세한 상황은 모른다며 빨리 차에 오르기를 재촉했다. 나를 실은 승용차는 동대문을 거쳐 종로를 향해 질주했다. 나는 잠시 깊은 생각에 빠져들었다.

'무슨 일이 일어났을까?'

밤사이 유신 반대 시위를 하는 학생들과 진압군 또는 경찰과의 유혈 충돌이 일어났을 가능성이 머리를 스쳐 지나갔다. 어제 저녁 유신에 반대하는 학생들의 시위를 무력으로 진압하기 위한 대통령 재가서류를 작성하느라 밤늦게까지 근무하지 않았던가! 그러나 그 정도의 일로는 꼭두새벽에 비상을 걸지는 않았을 것이라는 판단이 들었다. 이내 나의 추측은 좀 더 심각한 상황을 설정하고 있었다.

'김신조 사건 같은 무장공비 침투 사건이 일어난 것인가? 아니면 남북 전면전일지도 몰라?'

승용차가 중앙청 앞을 지나갔다. 평소와 달리 전차들이 광화문 앞 길가에 즐비하게 배치돼 있었다. 굴뚝같이 툭 튀어나온 장엄한 포신 사이사이에 중무장한 병사들이 경계 상태로 서 있었다. 얼굴에 새까만 숯검정을 칠한 병사들이 살기 어린 눈동자로 내가 탄 차를 주시하고 있었다. 섬뜩하다 못해 살벌했다.

청와대 정문에 도달하자 무장한 경호 요원들이 차를 가로막았다. 그들은 나의 가슴에 달린 비표를 떼어 꼼꼼히 확인한 후에야 안으로 들어가도 된다는 수신호를 했다. 평소에는 생략되었던 절차가 까다롭게 준수되는 것을 보면서, 나는 더욱 마음을 졸였다.

어둠이 짙게 깔린 청 내로 조심조심 들어가 당직 근무자실로 발걸음을 향했다. 당직 근무자인 김 서기관은 도대체 무슨 일이 일어났는지 모르겠다며 자정 때쯤 다급하게 청 내로 들어온 비서실장의 지시로 각 수석비서관 회의가 긴급 소집되었고, 약 10여 분간의 회의 후 그들은 자신에게 직원들의 비상 호출을 지시하고는 아무런 설명 없이 어디론가 떠나버렸다는 것이다.

당황해서 어쩔 줄을 몰라하는 김 서기관을 뒤로하고 나는 나의 사무실로 발길을 재촉했다. 사무실에는 이미 몇몇 동료직원들이 와 있었다. 그들도 내가 당직실에서 들은 것 이상의 정보는 가지고 있지 않았다.

새벽 6시경 내가 근무하고 있던 부서의 수장인 정무1수석 비서관이 급히 사무실로 들어왔다. 우리는 그의 집무실로 그를 따라 들어갔다. 그는 어정쩡한 자세로 의자에 반쯤 걸쳐 앉았다. 그의 눈은 퉁퉁 부어 있었다. 고개를 푹 숙인 그는 깊은 심호흡을 몇 번 되풀이하였다. 우리는 초조하게 그가 말문을 열기만을 기다리고 있었다. 잠깐의 정적이 지나갔다.

그는 자세를 바로잡더니 나지막하게 중얼거렸다.

"엄청난 일이 벌어졌어요. 모두 경거망동하지 말고 사무실에서 대기하세요."

이 두 마디를 남기고서 그는 곧 자리에서 일어나 황급히 밖으로 나가버렸다.

'도대체 무슨 일이, 얼마나 큰일이 일어났단 말인가?'

정무·경제·민정·사정·총무 비서실과 각 특보실의 직원들은 누구라 할 것 없이 새로운 정보를 얻고자 타 부서의 동료나 선후배를 찾아다녔지만 헛수고였다. 온갖 추측들만 난무했다. 아침 7시가 되었다. 나는 아침 뉴스를 듣고자 라디오를 켰다.

'대통령 유고.'

라디오 뉴스의 아나운서는 대통령 유고라는 청천벽력 같

은 소식을 전하고 있었다. 나는 내가 들은 말을 도저히 믿을 수 없었다. 옆에서 같이 듣고 있던 동료를 쳐다봤다. 그도 나를 물끄러미 쳐다볼 뿐 놀라 아무 말이 없었다. 이때 수석 비서관이 다시 사무실로 들어왔다.

"각하께서 큰일을 당하셨어요. 엄청난 일이지만 모두 당황하지 말고, 각자의 업무를 총리실로 이관할 준비를 해주세요."

우리는 비상사태 행동요령에 따라 각자의 방에서 캐비닛을 열고 서류들을 꺼내 하나둘씩 파 쇄하기 시작했다. 1급, 2급, 3급 비밀 그리고 대외비 등 심혈을 기해 작성했던 서류들을 나 스스로 갈가리 찢어 없애야 했던 것이다. 나는 눈시울이 붉어졌다. 각 부서에서 수집한 정보를 토대로 글자 한 획, 한 구절에 세심한 주의를 가하며 정성을 다해 만들었던 것들 아니던가! 잘 보관하여 역사의 기록이 되게 하기는커녕, 내가 만든 서류를 내 손으로 찢어 없애야 하는 상황이 너무나 참담했다.

내가 작성한 서류를 대통령이 직접 검토한다는 긴장감 속에서 완벽한 서류를 만들고자 지새웠던 숱한 밤들의 추억과, 대통령이 내가 만든 서류에 자신의 생각과 지시사항을 만년필 글씨로 적어놓은 것을 보았을 때에 느꼈던 희열감이 서류와 같이 찢기어 나가는 느낌이었다.

오후가 되자 우리는 급히 준비된 검정 양복과 검정 넥타이를 지급받아 갈아입고 청 내에 마련된 빈소에서 조문객들을 안내하기 시작했다. 전국 각지에서 몰려든 사람들이 청 밖의 대로변까지 길게 줄을 이었고 통곡소리가 천지를 진동했다.

열 명을 한 조로 하여 같이 문상하게 하고, 문상을 될 수 있는 대로 빨리 끝내도록 조문객들을 설득해보았지만, 그 많은 사람을 감당하기에는 청 내가 너무 비좁았다. 빈소를 중앙청 광장으로 옮겼다. 그리고 한 조를 30명 또는 50명 단위로 늘렸다. 국민은 밤과 낮을 가리지 않고 몰려들었다.

국장으로 치러진 장례식은 엄숙하게 거행되었고 온 나라가 슬픔에 잠겼다. 신부님의 기도에 이어 목사님의 기도, 그리고 스님의 목탁소리와 불경 읽는 소리…….

국민은 통한의 눈물을 흘리며 시대의 영웅과 이별했다.

그렇게 태풍은 지나갔다.

태풍이 지나간 언저리에 서 있던 우리에게는 또 한 차례의 세찬 바람이 몰려왔다. 청와대 비서실 조직은 와해되었고, 직원들은 역사적 시련의 파장을 감내해야 했다. 나도 이에 예외는 아니어서 그때부터 한동안 깊은 나락에 빠져서 헤어날 수 없었다.

대통령이 서거하신 날, 그날이 바로 27년 전 오늘이다.

– 2007년 10월 26일

# 월남전 회고

　지금으로부터 약 20여 년 전 즈음의 일이다. 월남전 후에 각각 다른 분야에서 자신에게 주어진 삶에 매진하고 있던 몇몇 전우들과 연락이 닿았다. 당시의 포탄 소리와 함께 나의 기억 속에 선명히 각인되어 있던 6~7명의 전우를 시내의 한 식당에서 만났다.

　우리는 서로 모습을 통해 월남전 당시의 치열했던 삶과 죽음의 현장을 재현해냈다. 물속에서 목욕하다 말고 느닷없는 베트콩의 기습 사격에 벌거벗은 몸 그대로 줄행랑을 쳤던 것을 회상할 때까지만 해도 우리는 담담히 웃을 수 있었다. 하지만 적의 은거지를 향해 탐색 작전을 하던 중 독을 발라놓은 죽창을 잘못 밟아 한쪽 다리를 온통 썩혀버릴 뻔했던 '장 중위 사건'에 이야기가 옮겨가자 우리는 다시금 그때의 아찔한 긴장감으로 빠져들었다.

　또한 우리의 기습공격 중 수류탄 파편에 맞아 복부를 심하게 다친 적군 병사가 밖으로 툭 튕겨 나와 있는 자신의 창자에 손가락질을 해대며 제발 좀 구해달라고 애원을 하던 장면에 이야기가 이르렀을 땐, 우리는 얼굴을 찡그린 채 소주 몇 잔을 연거푸 마시지 않을 수 없었다.

적군의 생사를 확인하려고 대검으로 시체를 쿡쿡 찔러볼 때 느꼈던 그 물컹물컹한 느낌, 전투식량이 떨어져 여러 끼니를 거른 채 험난한 정글 속을 탐색하던 중 오래간만에 구세주처럼 나타난 재보급용 헬리콥터가 적들의 기습 사격에 대한 두려움 때문에 저쪽 산 너머 계곡에 보급품을 풍덩 떨어뜨려 놓았을 때의 안타까움을 이야기하면서, 우리는 생사의 고비를 넘어서 살아난 자들만이 뱉어낼 수 있는 깊은 인생의 한숨을 공유했다.

우리의 찡그러진 얼굴은, 위협적인 기습공격으로 수적으로 월등히 우세한 적군들이 오합지졸이 되어 도망치기에 급급했던 동보작전의 통쾌한 전승담을 이야기하면서 어느새 환하게 변하였다.

술잔은 계속 돌았고 어느 정도 취기가 오른 박 상사는 일주일 분의 야전 식량과 침구, 야전삽 등을 모조리 주워 담은 18킬로그램 이상이나 되는 묵직한 배낭을 등에 업고도 소총, 수류탄, 탄약, 야간 조명기, 쌍안경, 지도, 나침반 등 수많은 장비를 온몸에 주렁주렁 매달고 험난한 산악 지대에서 정글을 누비며 온종일 말없이 걸어야 했던 이야기를 되풀이했다. 술 취하면 같은 말 되풀이하는 박 상사의 버릇은 예나 지금이나 다름이 없었다.

당시 중대장이었던 나는 열대 지방의 불청객인 지긋지긋한 말라리아 병에 걸려 여러 날 동안 밥도 제대로 못 먹고 설사를 해대느라 지휘관으로서의 체모가 말이 아니었던 적이 있었다. 그때 선임 부사관으로 부대원 모르게 나를 간호

했던 사람이 바로 박 상사였다. 술에 많이 취해 횡설수설하는 박 상사의 모습에서 가까운 동네 형 같은 정취가 느껴졌다. 우리는 식당에서의 1차를 끝내고 가까운 주점으로 자리를 옮기느라 발걸음을 재촉하고 있었다.

달 없는 깜깜한 서울의 밤길을 걸으며 우리는 1969년 베트남전 당시 칠흑같이 캄캄한 음력 그믐날만 되면 베트콩들은 어김없이 우리의 진지 근처로 침투해왔던 기억을 떠올렸다. 그들은 온몸에 미끈미끈한 참기름을 바른 다음 그 위에 시커먼 숯검정을 칠한 채 신발도 신지 않고 벌거벗은 몸으로 우리의 경계초소 50~60미터 앞까지 살금살금 침투하여 가시덤불 속에 몸을 숨긴 채, 수십 발의 박격포탄을 공중에 띄워놓고는 순식간에 줄행랑을 쳤다.

곧이어 미군 제2항공대대의 기지에서는 찌르륵 쾅— 찌르륵 쾅— 하는 굉음과 함께 헬리콥터 부서지는 소리가 귀가 찢어질 듯이 들려왔고, 그때마다 우리는 아군과 미군의 지원포병이 쏘아대는 조명탄의 불빛을 받으며 밤새껏 그 베트콩들을 찾아다녔었다.

옮겨간 주점에서 우리는 이런저런 전장의 이야기를 이어갔다. 술잔을 돌리는 속도가 점차 빨라지면서 우리는 많이 취했다. 젓가락으로 술상을 두들겨댔고, 각자 나름의 애창곡을 불러댔다. 나는 목청을 높여 허성희 씨가 히트시킨 유행가 '전우가 남긴 그 한마디'를 불렀다. 그런데 어느새 모두가 함께 따라 부르고 있었다.

생사를 같이했던 전우야 정말 그립구나 그리워
총알이 빗발치던 전쟁터 정말 용감했던 전우야
조국을 위해 목숨을 바친 정의의 사나이가
마지막 남긴 그 한 마디가 가슴을 찌릅니다
이 몸은 죽어서도 조국을 정말— 흑흑, 앙앙……

우리는 누가 먼저랄 것도 없이 북받쳐 오르는 묘한 감정에 울음을 터뜨렸다. 이 울음의 의미는 무엇이었을까? 험난하고 위험한 전쟁터에서 살아남았다는 안도감일까? 아니면 살아남은 자로서 그때 죽어간 동료에게 갖는 미안함일까? 어쩌면 참혹했던 장면을 가슴속에서 지워내고 싶은 처절한 몸부림이었으리라.

20여 년 전의 우리의 첫 만남은 그렇게 끝이 났다. 그 이후에도 우리는 가끔 만나 소주잔을 기울이곤 한다. 월남전에서 함께 싸우다 고귀한 생명을 바친 전우들의 명복을 빈다. 또한, 당시 전쟁터에서 생사의 고비를 함께 넘었던 모든 전우들의 앞날에 무궁한 행운이 깃들기를 빌어 마지않는다.

– 2006년 3월

# 동지(同志)와의 대작(對酌)

생업의 일선에서 한 걸음 물러나 한동안 만끽했던 여유로움이 무료함으로 다가온 지도 벌써 여러 해가 되었다. 오전에는 등산이나 산책을 하고, 오후부터는 컴퓨터 앞에 앉아 바둑이나 장기 등 게임을 하면서 하루를 보낸다. 그나마 틈틈이 새로 시작한 취미인 소설, 수필 등의 '글쓰기'를 통해 삶의 활력을 찾지만, 이 모두가 집과 뒷동산이라는 한정된 공간에서 단조롭게 되풀이된다.

친구들과의 만남은 건조한 일상생활로부터의 즐거운 일탈이다. 그러하기에 친구로부터 저녁 식사 겸 대작(對酌)의 기별(奇別)이 오면 소풍 날짜를 받아든 초등학생처럼 마음이 설렌다.

이달 초에는 종로통 어느 식당에서 내가 제일 좋아하는 사람들과 만났다. 20대 초반 상무 벌에서 전우애로 연을 맺고 50여 년간 끈끈한 우정을 지속해 온 조국간성(祖國干城)의 동지들이다.

저녁 약속 시간은 6시였으나 몇몇 동지들과는 일찍 기원(棋院)에서 만났다. 장기라면 자신이 최고라고 자부하는 남궁언 동지가 다른 동지들을 모조리 격파했다. 그는 얄미울 정도로 여러 수(手)를 훤히 꿰뚫어보고 있었는데 마치 TV에서 본 프로장기 기사의 수준인 듯했다. 바둑은 진호언 동지의 독무대이었다. 꼼수 아닌 꼼수를 쓰는 듯하면서도 다른 사람들보다 승률이 훨씬 앞섰다. 장기든 바둑이든 나의 승률은 매우 저조했다. 불리할 때는 물려달라고 떼를 써보기도 하였지만, 소용이 없었다. 장기나 바둑을 두면서 낄낄대는 나의 모습이 소풍 장기자랑 시간에 신나게 웃어대는 손자의 모습과 별반 다를 것이 없다는 생각이 들었다.

드디어 저녁 6시. 여남은 명의 동지들이 시내의 한 식당에 모였다. 우리는 흑돼지 삼겹살을 시켜놓고 소주잔을 돌리며 서로 근황을 주고받았다. 누구라 할 것 없이 분위기가 무르익자 구수한 이야기를 풀어놓았다. 편안한 사람들과의 자리에 술이 몇 순배 돌다보니 이야기가 때론 다소 과장되고 억지 주장처럼 들리기도 했지만, 누가 이런 자리에서 말의 논리와 진정성을 따지겠는가!

흑돼지는 제주도 특산물이라며 제주도가 고향인 권봉익 동지가 흑돼지에 관한 어린시절의 기억을 들추었다. 돼지를 화장실 밑에다 키웠는데 뒷일을 보면 어느새 돼지들이 몰려들었다. 이때 남자들은 하체에서 덜렁거리는 것을 돼지가 따먹을 수 있기 때문에 막대기를 가지고 돼지를 쫓아내야 했다. 그의 회상이 채 끝나기도 전에 누군가가 "그러면 여자들은 돼지가 깨끗하게 해결해주기 때문에 화장지를 사용할 필요가 없었겠네?"라고 너스레를 떨자 모두 웃음을 터뜨렸다.

이번엔 '등산왕' 김원배 동지가 산행 도중 맨손으로 멧돼지를 잡아 마을 사람들과 포식(飽食)했노라고 한바탕 무용담을 펼쳤다. 지난번 모임에서는 산행 중 심(蔘)봤다고 자랑을 했는데, 연이은 그의 행운이 믿기지는 않았으나 멧돼지 포획 과정을 생생히 전달하는 그의 능변에 모두 넋을 잃었다. 등산으로 화제가 옮겨가자 박승대 동지가 누구든지 자기와 산행에 동행하면 불로초인 자연산 버섯은 물론, 피를 맑게 해주며 전립선 관련 질환에 특효인 헛개나무 열매를 얼마든지 채취해 주겠다고 호언장담하였다.

이야기에 이야기가 꼬리를 물고 길게 이어졌다. 멀리 전라도 화순에서 경기도 동백지구에 사는 손자를 보러 왔다가 우연히 연락이 되어 합석한 오남수 동지는 자기 집 별채의 뒤뜰에 국궁(鞠躬)장을 설치해놓고 시간 날 때마다 같은 시내에 거주하는 민성태 동지와 함께 활시위를 당긴다고 했다. 그는 동지들의 평균 나이보다 3~4년 정도 연배임에도 나이답지 않게 무척 건강해 보였다.

언제부터인가 귀에 꽂아놓은 보청기를 만지작거리는 습관이 들어 있는 길영학 동지는 내일 아침 일찍 이비인후과 의사와 진료예약이 있다며 서둘러 자리에서 일어나려 했다. 길 동지가 아니었다면 우리는 그곳 식당에서 한두 시간 더 머물렀을 것이다. 아쉬워하는 그를 배웅하고 우리는 2차를 위해 근처 버섯 요리 전문점 '곰솔마루'로 자리를 옮겼다.

부글부글 끓는 육수에 바지락, 낙지, 새우 등 해산물로 국물을 우려낸 다음, 쇠고기와 함께 채소와 자연산 버섯을

듬뿍 집어넣고 살짝 익혀 먹는 새로운 방식의 전골 요리의 맛은 일품이었다. 특이하게도 한복으로 곱게 차려입은 중년의 여사장이 '노루궁둥이'라는 재미있는 이름의 버섯을 들고 와 펄펄 끓는 육수에 살짝 데워서 한 사람씩 입에다 직접 넣어주면서, 이 버섯은 특정지역의 죽은 활엽수 나무에서만 자라나는 자연산 버섯으로 항염(抗炎), 항균(抗菌) 효과가 탁월하고 뇌종양 등에는 산삼보다 더 뛰어난 약효가 있어 중국의 진시황이 즐겨 먹던 건강식의 하나라고 상냥하게 설명해주었다.

가만히 듣고 있던 유진해 동지가 그렇게 좋은 것이면 몇 개 더 가져다 달라고 농 반, 진담 반으로 사장에게 졸라댔다. 사장은 단가가 비싼 '노루궁둥이'는 한 사람당 한 개 이상은 줄 수 없다며 살포시 눈을 흘겼다. 기껏해야 한 사람당 만 원 안팎의 식사를 하면서 무슨 욕심이 그리도 많으냐는 핀잔이다. 대신에 그녀는 주방에서 왕만두 몇 개를 덤으로 내왔다. 70대의 노인들이 중년의 여인에게 무슨 흑심이 있으려마는 그녀의 애교로 술자리의 분위기는 한껏 고조되었다.

나는 미리 준비된 밀가루 반죽을 가져와 잘게 찢어 펄펄 끓는 육수에 집어넣었다. 어렸을 때 어머니가 끓여주시던 멀건 수제비 생각이 났다. 가난했던 그 시절 지겹게 먹던 것이 수제비였다. 보리밥, 수제비 등이 이제는 건강식으로 일부러 찾아 먹는 음식이 됐으니 참으로 격세지감을 느낀다. 옛 생각이 났던지 모두 수제비 요리는 자기가 하겠다고 아우성이었다.

격의 없는 친구들끼리 주고받는 이런저런 이야기의 재미에 몇 시간이 훌떡 지나갔다. 집에서 눈이 빠지라 기다리고 있던 할머니(?)들로부터 귀가를 재촉하는 전화가 걸려오기 시작했다. 늙은이들은 먹을거리가 최고라는 말을 증명해주듯 각자의 전화기 속에서 호빵, 찹쌀떡, 과일 등을 사서 가지고 오라는 목소리가 흘러나왔다. 아쉬움을 남기고 우리는 자리에서 일어났다. 신현탁 동지가 이를 쑤시며 계산대 앞에 꽉 버티고 서서 다른 동지의 접근을 막았다. 돈 잘 버는 아들 자랑을 한껏 하던 기분으로 오늘의 주대(酒貸)를 계산하려는 것이었다.

젊은 시절부터 피와 땀으로 맺어진 오십 년 지기 친구들은 나에게 있어 참으로 귀중한 보배다. 친인척이나 학교의 동창생들과는 다른 살가움이 있다. 나이가 들수록 이들의 존재가 더욱 크게 다가온다.

해가 갈수록 입원이나 부고(訃告)의 소식이 잦아진다. '올봄에는 누가 또?' 하며 가슴이 조여온다. 백발이 다 된 노구(老軀)들, 더욱 건강하게 나의 곁에서 항상 좋은 친구로 남아줄 것을 간절히 소망한다.

봄날답지 않게 날씨가 쌀쌀하다. 내일은 수지에 사는 고용호 동지, 분당에 사는 이종렬 동지와 얼큰한 동태찌개를 곁들여 한잔해야 할 것 같다.

— 2006년 12월

# 언어<sub></sub>(말과 글)

　인간은 말과 글을 매개로 자신이나 타인과 관계한다. 즉 언어는 자아와 공동체가 존재하기 위한 필요조건이다. 그러나 다른 한편으로 언어는 자아와 공동체를 분열시키기도 한다. 자신을 자학하거나 남을 기만·비방·원망 또는 이간질하는 언어가 그러하다.

　혹자는 언어의 이러한 부정적 측면을 강조하려고 언어를 핵(核), 컴퓨터와 함께 현시대의 3대 무기 중 하나로 칭한다. 자아 및 공동체가 발전적으로 유지되려면 긍정적 언어의 사용에 대한 공감대가 광범위하게 형성되어야 한다. 하지만 현재 우리 사회의 전반적인 분위기는 이와는 거리가 멀다. 언론매체는 시청자나 독자의 관심을 유발하기 위해 자극적인 신조어를 남발한다. 일례로 오늘자 신문에는 ‘세금폭탄’이라는 복합어가 큰 활자로 인쇄되어 있다. ‘언론폭탄’, ‘인사폭탄’ 등과 같이 과장되고 폭력적인 단어들이 언론매체를 통해 우리의 일상 언어가 된다.

　한편 젊은이들은 얼짱, 몸짱 등 ‘–짱’, ‘된장녀’와 같은 저급한 은어, 상징어, 축약어 등을 신세대 언어라는 핑계로 비판 없이 사용한다. 이러한 ‘그들만의 언어’는 이를 통용

하는 집단 내의 결속감은 강화시키지만, 이를 이해하지 못하는 다른 집단을 '남(他人)'으로 규정케 한다.

또한 인터넷 상에서는 지금 이 시간에도 시퍼런 칼날 같은 비판을 위한 비판의 '댓글'이 난무하고 있다. 자학적, 냉소적, 배타적인 언어는 사회악(惡)이다. 따라서 사회 지도층은 이의 생성 및 유포 과정을 면밀하게 분석하고 대처 방법을 모색해야 한다. 그럼에도, 올바른 언어 사용에 모범을 보여주어야 할 지도층 중 일부는 자신의 편협한 정치적 이익을 위해 오히려 편을 가르고 자기편의 감수성을 자극하는 언어를 교묘히 이용한다.

말 또는 글로부터 입은 상처는 칼에 맞아 입은 상처보다 더 쓰리며, 아무는 데 더 많은 시간이 필요하다. 지금 우리 사회가 요구하는 시대정신은 세대 간, 계층 간, 남북 사이의 화합이다. 우리는 화합이 필요한 시대에 분열의 언어를 사용하는 지도자를 도태시켜야 한다. 우리 스스로도 대변(代辨) 무언(無言)의 경지에 도달하기 위해 노력해야 한다. 대변 무언이란 할 말이 있음에도 말을 전혀 하지 않는 우둔함이 아니라, 꼭 필요한 말만 정결한 언어로 간결하게 함을 의미한다. 이는 '말이 많아지면 실언이 뒤따른다(多言卽失言)'는 옛 어른들의 가르침과 일맥상통한다.

요즈음 부쩍 늘어난 여야 정치지도자 간의 막말 공방, 그리고 최근에는 인터넷 댓글에 상처받아 자살한 어느 젊은 여자 가수에 대한 보도를 접했다. 또한 내가 소속되어 있는 순수문학 동아리가 사소한 이권다툼에 기인한 끝도 없는 말싸움에 휘둘리는 안타까운 현실을 직접 목격한다. 이에 저급한 언어로 말의 잔치를 벌여 공동체를 분열시키는 사람들이 자신들이 일으키는 설화(舌禍)의 심각성을 자각하기를 바라는 마음으로 몇 자 적어본다.

– 2007년 2월

# 청소년 탈선과 만혼(晚婚) 사상

  오늘날 우리나라 청소년들의 탈선문제는 우리 사회에 커다란 충격이 아닐 수 없다. 자신의 부모를 칼로 찔러 무참히 살해하고, 병들고 치매에 걸린 노모를 학교 운동장에 내어다 버리는가 하면, 학교 은사의 등을 칼로 찌르고, 돈 몇 만 원을 얻으려고 다수의 연약한 부녀자들을 죽여 암매장하는 등의 패륜적 행위들이 하루가 멀다 하고 신문지상에 대서특필되고 있다. 참으로 안타깝고 슬픈 일이 아닐 수 없다.

  더욱이 이와 같은 심각한 일탈행위들은 일시적이거나 단편적인 현상이 아니라, 현시대의 젊은이들에게서 광범위하게 목격되는 탈선행위의 극단적인 연장이기에 문제의 심각성이 있는 것이다. 왜냐하면 이들이 곧 우리의 후대를 이끌어갈 사회의 주류이기 때문이다.

  청소년 탈선의 원인에 관하여 정부나 사회의 각종 기관 또는 단체에서 다각적인 분석을 하고 있지만, 나는 모든 청소년들이 짊어지고 살아가는 실질적인 고민에 그 초점을 맞추어보고자 한다.

  현대사회의 인간은 출생과 동시에 무한한 경쟁에 돌입하게 된다. 앞서나가는 자와 뒤처지는 자가 확연히 구별되는 적자생존의 구조에서, 모든 사람들은 도태되지 않으려고 부단한 경쟁의식 속에서 살아가는 것이 사실이다. 이는 사회발전을 위한 필요악이라고 할 수 있다.

한편, 청소년들은 이러한 무한 경쟁의 긴장관계 속에서 또 다른 커다란 고민에 직면하고 있다. 그것은 다름 아닌 성(性)에 대한 고민이다. 조물주는 인간이 육체적으로 10대 중반에 성을 자각할 수 있도록 창조하셨다. 그러나 현대사회의 구조는 청소년들이 제때에 그들의 본능적인 성을 제도적인 틀 안에서 구현하는 것을 불가능하게 만들고 있다. 졸업, 직업, 경제적 자립 등이 결혼을 위한 충분조건으로 인식되고 있고, 따라서 일반적으로 이러한 충분조건들이 실현되었을 때 이미 그들은 20대 후반에서 30대 초반에 접어들게 된다.

그러면 성을 자각하게 되는 10대 중반부터 결혼하기 전인 30대 전후까지 현시대의 청소년 은 성에 대한 본능을 어떻게 해결하고 있을까?

성에 대한 본능을 해결하고자 이들은 도색잡지나 포르노물에 의존하게 되고, 환락가를 전전하기도 한다. 문제는 이러한 성적본능을 이용한 유흥문화가 우리 사회에 만연하고 있으며, 청소년 탈선의 상당 부분이 이와 연관되어 있다는 것이다. 주지하다시피 학원폭력, 절도, 강도와 같은 청소년 범죄 대부분은 가난에서 기인한 생계형 범죄라기보다는 유흥비 조달을 목적으로 한 향락성 범죄의 유형을 띠고 있다. 학원폭력, 절도, 강도와 같은 극단적인 탈선에 이르지 않더라도, 청소년들은 우리 사회에 만연한 향락문화라는 외부 환경에서 결혼 전까지 성에 대한 본능을 억제하고자 부단한 고민과 번민 속에서 살아가고 있다.

어떻게 하면 청소년들을 성에 대한 고민과 번민 속에서 해방시켜줄 수 있을까?

나는 우리 선조의 조혼(早婚) 사상에서 이에 대한 해답을 찾고자 한다. 우리 선조는 자녀를 10대 중반에 결혼시킴으로써 본능적인 성의 번민에서 그들을 해방시켜주었다. 10대 중반에 결혼한 청소년들은 한 여자의 남편으로서 또한 한 남자의 부인으로서, 본능적인 성적 욕구에 대한 번뇌함 없이, 자아실현을 위해 매진할 수 있었다.

조혼 사상의 장점은 다른 측면에서도 찾아볼 수 있다. 조혼 사상은 심각한 가정불화의 원인 중 하나인 고부 갈등을 해결할 수 있다. 이 점은 다음의 예에서 비추어볼 때 자명해진다.

14살의 여자아이를 며느리로 맞이했다고 가정해보자. 시댁 부모들은 며느리를 친딸처럼 양육할 것이며, 며느리는 어려서부터 시가 식구들과 미운 정 고운 정을 쌓아가며 자연스럽게 시가의 한 구성원으로서 적절한 역할을 수행해나갈 것이다. 또한 한 남자의 부인으로서, 앞서 언급한 대로 본능적인 성적 욕구에 대한 번뇌 없이 학업의 정진, 보람찬 직장생활, 경제적 독립을 향해 매진하게 될 것이다.

반대로 만혼(晩婚)으로 말미암아 35세에 낳은 아들을 30대 초반에 결혼시켰다고 할 때, 부모들은 이미 70대를 바라보게 된다. 나이가 많은 며느리가 늙고 병약한 시부모와 생활하면서 깊은 정을 주고받기란 매우 어려울 것이다. 시부모와 며느리 간의 소원한 관계는 단지 이에 그치지 않고, 부모와 자식 간의 관계, 조부모와 손자와의 관계 등에 부정적인 영향을 주며, 이로 말미암아 우리의 전통적인 가족개념이 흔들리게 되는 것이다.

가족의 단편화와 가족 구성원 간의 진정한 사랑의 결여는 서로 간의 이해 부족, 나아가서는 가정불화 및 파탄으로 이어질 수 있다. 앞에서 언급한 청소년 탈선도 이러한 가족 개념의 혼돈과 무관하지 않다 할 것이다.

위와 같은 이유에서 나는 오늘날의 만혼은 퇴조되고 조혼이 다시 광범위하게 성행되어야 한다고 주장한다. 이는 우리 청소년들의 건전한 미래와 전통적인 가족 관념의 유지를 위해 반드시 필요하다. 물론 현재의 만혼 사상을 일순간에 바꾸기는 쉽지 않을 것이다. 의식의 전환은 많은 시간을 요구하기 때문이다. 조혼 사상에 뜻을 동감하는 사람들이 장기적인 관점에서, 조혼 운동을 하나의 사회운동으로 승화시켜야 할 이유가 바로 여기에 있다.

– 2006년 10월

# 까치의 교훈

충청북도 청원군 오창읍 첩첩산중의 오지 성재(盛才)골에는 수백 년생 정자나무 한 그루가 늠름한 자태를 뽐내며 마을 한복판에 우뚝 서 있다.

수령(樹齡)만큼이나 나뭇가지가 무성한 이 고목의 그늘목(陰地)은 가가호호의 농경에 관한 이해관계를 조율하고 마을의 각종 현안(懸案)을 토의하는 곳이었다. 한편, 이 그늘목에서는 가마니 치는 사람, 짚신 삼는 사람, 새끼 꼬는 사람 그리고 장기나 바둑을 즐기거나 이야기책을 읽는 사람들로 항상 북적거렸다.

1945년 해방되던 해, 여름철 어느 날이었다. 정자나무 위에서 까치 한 마리가 푸드덕푸드덕 이 가지에서 저 가지로, 저 가지에서 이 가지로 왔다 갔다 안절부절못하고 있었다. 푸른 나뭇가지 사이에서는 또 한 마리의 까치가 날개깃을 부채모양으로 쫑긋 펼쳐 세우고 깍깍, 깍깍 다급한 목소리로 짖어댄다. 정자나무 꼭대기에 둥지 틀어 새끼 까놓고 연방 벌레를 물어 나르던 부부 까치였다. 좀처럼 볼 수 없었던 부부 까치의 돌출행동에 사람들은 매우 의아한 눈초리로 나무 위의 이곳저곳을 살펴보고 있었다.

"구렁이다! 구렁이!"

정자나무를 유심히 살펴보던 한 젊은이가 큰 소리로 외쳐댔다.

"능구렁이 아냐? 홍두깨만큼이나 큰 놈인데!"

또 다른 젊은이가 정자나무의 중간 부분을 향하여 손가락질을 해보였다.

"으응, 그 구렁이, 까치 새끼 잡아먹으러 둥지로 올라가고 있겠지! 옛날부터 까치는 좋은 소식을 전해 주는 길조(吉兆)라 했건만, 저거 어쩌면 좋담!"

가마니 치던 할아버지가 손길을 멈추고 머리를 긁적거리면서 매우 안타깝다는 표정을 지었다. 그러나 그 큰 고목의 중간까지 올라간 구렁이를 어떻게 해볼 수가 없었는지 누구 하나 선뜻 나서서 그 구렁이를 처치하려 하지 않았다. 모두 그저 물끄러미 바라만 보고 있었다.

구렁이가 꼼지락꼼지락 꿈틀거릴 때마다 부부 까치는 더욱더 사나운 표정을 지으면서 깍깍 짖어댔다. 새끼들의 안전을 위하여 정자나무로부터 구렁이를 쫓아내려는 간절한 울부짖음이다. 그러나 먹잇감을 목전에 두고 그냥 물러설 구렁이가 아니었다. 구렁이는 육중한 몸을 이끌고 나무 위로 기어오르는 것이 힘에 버거운 듯 아주 천천히 둥지를 향하여 올라가고 있었다. 정중동(靜中動)이라 할까? 제자리에 가만히 앉아서 쉬는 것처럼 보였다. 그러기를 몇 시간, 해가 지면서 날이 어두워지고 있었다. 사람들은 까치와 구렁이의 싸움을 뒤로한 채 한 사람 한 사람 각자의 집으로 발길을 돌렸다.

다음날 아침, 잠자리에서 깨어난 나는 황급히 정자나무로 달려갔다. 밤사이 구렁이가 까치 새끼들을 잡아먹었는지 매우 궁금했던 터였다. 정자나무에는 어디서 날아들었는지 까치의 숫자가 열 마리쯤으로 늘어나 있었다. 부부 까치의 다급한 사정을 전해들은 형제자매 까치들이 집단행동을 위해 모여든 것 같았다.

열 마리의 까치가 일제히 날개를 푸드덕거리면서 정자나무의 7부쯤 되는 곳까지 올라간 구렁이를 향해 내뿜어대는 처절함이 천지를 뒤흔들고 있었다. 밤새도록 그렇게 짖어댔을 까치들에 대해 측은한 마음마저 들었다.

어느덧 중천에 뜬 해가 따가운 햇볕을 사정없이 내리쬐고 있었다. 어느 순간 까치의 숫자가 20여 마리로 불어났다. 부부 까치의 가족 외에도 친인척 까치 모두가 모여든 것 같았다. 20여 마리가 동시에 짖어대는 소리는 이제 견디기 어려울 정도의 소음이 되었다.

해가 다시 서산으로 기울고 있다. 이제 형제자매와 친인척에 더하여 이웃 간의 친지들까지 모여 까치의 숫자는 40여 마리로 불어났다. 까치들도 서로 의사를 소통하면서 상부상조의 정신으로 공동생활을 하고 있음에 틀림이 없다. 그러지 않고서야 어떻게 이 많은 까치가 하루 만에 이 좁은 산골짝으로 일제히 모여들 수가 있단 말인가? 백발의 어느 할아버지는 중얼거렸다.

"내 평생 저렇게 많은 까치를 보기는 처음이야."

시간은 점점 흘러갔다. 구렁이는 둥지의 바로 코밑까지 바짝 다가가서 머리를 꼿꼿이 치켜들고는 그놈 특유의 긴 혓바닥을 날름거리고 있었다. 이제 새끼까치들의 목숨은 풍전등화(風前燈火)였다. 까치들은 일촉즉발의 상황에 어쩔 줄 몰라 하고 있었다.

그때였다. 어미 까치가 범상한 결심을 했다. 눈이 찢어져라 구렁이를 쳐다보더니 양 날개를 반쯤 벌려 아래위로 두어 차례 펄럭이고 나서 힘차게 하늘 높이 솟아올랐다. 그러고는 마치 고기를 본 낚시꾼이 쇠창살로 재빠르게 강물의 물고기를 내리찍듯 구렁이를 향하여 곤두박질을 치며 내려꽂히더니 그 구렁이의 목덜미를 사정없이 물어뜯고는 신속하게 다시 솟구쳐 올랐다.

새끼를 구해야 한다는 본능적인 절박감은 구렁이에 대한 두려움을 상쇄시키기에 충분했다. 몸집이 크고 동작이 느린 구렁이로서는 속수무책으로 당할 수밖에 없는 역습이었다. 뒤이어 아비 까치도 똑같은 방법으로 구렁이의 목을 잽싸게 물어뜯고는 나뭇가지로 돌아와 두 눈을 깜빡여댔다. 이때까지도 구렁이는 그까짓 까치 두 마리의 공격은 괘의치 않고 능글맞게 유유(悠悠)히 혓바닥을 날름대고 있었다. 그러나 그것은 구렁이의 오판(誤判)이었다.

부부 까치로부터 구렁이 공격에 대한 시범을 본 모든 까치들이 일제히 구렁이 공격에 가담했다. 이 나무 저 나무, 이 가지 저 가지, 사방팔방에서 까치들이 연방 날아들어 쉴 틈 없이 구렁이의 목을 물어뜯었다. 물어뜯고 솟구치고, 물어뜯고 솟구치고, 수백 번도 넘는 40여 마리의 까치가 교대로 구렁이를 공격하면서 들고나는 시간과 거리, 간격은 한 치의 오차 없는 일사분란, 그 자체였다.

마침내 구렁이는 지쳐가고 있었다. 까치들의 집중공격에 기진맥진해져 더는 그 흉측한 혓바닥을 밖으로 내뻗지 못했다. 둥지 속 새끼까치들에게 신의 가호가 미치고 있음이 분명했다. 사람들은 쥐 죽은 듯이 이들의 전투를 지켜보고 있었다.

물방울이 모여 강물을 이루고, 물방울이 떨어져 돌구멍을 낸다고 했던가. 잠시 후 찰싹하는 소리와 함께 크디큰 능구렁이가 땅바닥에 떨어져 축 늘어져 있었다. 다수의 작은 힘이 모여 '골리앗'을 쓰러뜨리는 순간이다.

"구렁이가 죽었어!"

"구렁이 저놈 목에 난 상처 좀 봐!"

"에이, 시원하다!"

"까치의 단결심, 대단하군!"

마을 사람들은 저마다 한마디씩 내뱉으며 까치의 승리에 통쾌하다는 감정을 감추지 않았다.

한편, 하늘에서는 까치들이 승리를 자축하느라 재잘재잘 소곤거리고 있었다.

촛불행렬로 뒤덮인 광화문 일대의 뉴스를 접하며 까치와 구렁이의 싸움이 떠올랐다. "뭉치면 살고 헤어지면 죽는다."라는 우리나라 초대 대통령 이승만 박사의 명언(名言)은 상투적 수사가 아닌 현실 속의 진리임을 다시 한 번 깨닫는다.

왠지 올해는 매우 길고도 후텁지근한 여름이 될 것 같아 걱정스럽다.

뭉치면 살고 헤어지면 죽을 것이다.

– 2008년 7월 초순

# 북한의 대남전략과 우리의 안보 불감증

나는 학창 시절에 책가방은 학교에 남겨둔 채, 수없이 많은 나날을 거리로 뛰쳐나가 반공구호와 함께 '굳건한 안보만이 우리의 살길'이라고 외쳐대던 소위 '총력안보' 세대에 속한다.

우리 총력안보 세대는 어린시절에 그 비참하고 고통스러웠던 6·25전쟁을 직접 경험했고, 청년시절에는 월남전에 참전하여서 한 국가가 하루아침에 패망하여 흔적도 없이 사라져버리는 것을 직접 목격하기도 했다.

적화통일(赤化統一)에 대한 끈질긴 집념과 공산주의 사상에 대한 완벽한 정신무장으로 갖추어진 월맹군에 비하여 월남에는 무능한 정부, 끊임없는 정파 싸움, 부정부패의 만연, 그리고 안보 불감증으로 말미암아 국민의 정신력 해이가 만연했다. 결국 월남을 도와 수많은 인적·물적 투자를 아끼지 않았던 혈맹인 미국 등 우방국들이 철군함에 따라 월남은 무너졌다.

주지하다시피 월남의 패망은 공산주의 북한과 대치하고 있는 우리에게 허탈감과 함께 커다란 상처로 다가왔었다. 우리 총력안보 세대들은 이러한 냉엄한 현실을 역사적 교훈으로 삼아 공산주의 북한에 대한 경계를 게을리 하지 않았고, 이러한 반공정신이 북한의 남한적화통일전략에 맞서 우리나라의 정통성과 자유민주주의를 유지해온 원동력이라고 나는 주장한다.

대한민국의 안보를 굳건히 지켜온 총력안보 세대의 일원으로서 나는 현재의 우리나라 상황에 대해 심한 우려를 지울 수 없다. 국민의 안보 불감증은 최고조에 달해 있고, 국론은 분열되어 있으며, 부정부패가 만연되어 있다. 정부는 각종 정책의 실패로 국민의 신뢰를 얻지 못하고 있다. 또한 우리의 맹방인 미국 등과의 안보협력체제가 흔들리고 있다. 나는 오늘날의 대한민국이 1970년대 전후의 베트남과 너무나도 흡사한 상황에 있다고 생각한다.

이에 안보에 대한 경각심을 고취하고자 하는 취지에서 북한의 대남 적화통일전략을 구체적으로 살펴보고자 한다.

그들의 대남전략은 단 한시도 고삐를 늦추지 않은 채 계속되어왔다. 다만, 그들은 시대에 맞게 더 구체적이며 효율적으로 변형·발전시켰다. 6·25 남침, 1·21 청와대 습격, 아웅산 폭파, 울진 삼척 무장간첩 침투 등 이루 헤아릴 수 없이 크고 작은 만행들을 거침없이 저질렀는가 하면, 한편으로는 일반서민계층·학생·정치인 그리고 정부의 고위관료에 이르기까지 시대의 흐름에 따라 대상을 달리하여 남한 사람들의 공산주의 사상화에 전력을 다하고 있다.

좀 더 세부적으로 살펴보면, 북한은 1960년대에는 간첩을 대량으로 남한에 침투시켜, 정부에 불평불만을 일삼는 전과자 · 폭력배 · 빈민계층 그리고 무당이나 점술가 등을 포섭했다. 이들이 남한 내에서 민중봉기를 일으켜 남한 정부를 전복시키거나, 또는 6 · 25와 같은 전면전을 감행한 후 이들을 전쟁의 앞잡이로 이용하고자 한 것이다.

1970년대는 남한 내의 학생들을 대량으로 포섭, 공산주의 사상과 김일성 유일 체제를 주입하여, 이들로 하여금 남한정부를 비판하고 각종 데모를 일으켜 남한정부의 전복을 꾀하거나 전면전의 기회로 삼고자 했다.

1980년대 후반기부터는 학자 · 교수 · 정치인 · 공무원 등 지식층을 포섭하여 남한정부를 비판하게 함으로써 체제 불안을 일으켰다. 나는 남한 내 지식층을 겨냥한 북한의 전략이 효과를 보고 있다는 우려를 지울 수 없다.

1990년대부터 남한 내 일부 지식인들로부터, 남한 체제를 부정하고 북한 체제를 옹호하는 발언들이 터져 나오고 있기 때문이다. 이를테면 반공법 폐지, 6 · 25전쟁의 북침설, 인천상륙작전 비하 발언, 미군철수, 민족 통일을 위한 공산화 통일 묵인 등 북한의 주장이 일부 지식인층을 통해 여과 없이 전달되고 있다.

현재 남북 이산가족상봉 행사, 금강산관광, 남북 체육대회, 남북 고위 당국자 간의 만남 등 각종 남북간의 공동 행사에서 은연중에 나타나는 북측 인사들의 고차원적인 선전 선동성 발언과 김정일 우상화 행동 등을 살펴볼 때, 또 다른 차원의 대남 선전 · 선동 전술에 우리가 휘말려들지 않을까 심히 우려된다.

북한 공산당 지상 최대의 목표는 대남 적화통일이다. 그들은 미사일을 쏘아 올리며 김일성 장군의 선군(先軍)정치로 남한이 득을 보았으니 쌀과 비료를 내놓으라며 으름장을 놓기에 이르렀다. 그동안 현금과 현물 등 대치하고 있는, 적에게 많은 이익을 안겨주었던 위정자들의 그릇된 인식이 훗날에 어떠한 평가를 받을지 주목된다.

국가 안보는 아무리 강조해도 지나침이 없다. 북한의 적화통일 전략을 보다 구체적으로 분석하여 이에 알맞게 대처해야 할 것이다. 특히 현재 진행되고 있는 남북 이산가족상봉, 금강산 관광, 나아가 정부차원의 남북간 회담 등에서 북한 당국의 고차원적이고도 교묘한 대남 전술에 이용당하지 않도록 세심한 주의와 대처방법이 강구되어야 할 것이다.

– 2006년 6월 6일

# 주한미군 작전통제권 환수 후의
# 가상 시나리오

정부와 여당은 현재 한미연합사 사령관에 위임되어 있는 한국군의 전시 작전통제권을 환수하겠다는 방침을 확고히 하고 있다. 다음 달 14일 워싱턴에서 개최되는 노무현 대통령과 조지 부시 미 대통령 간의 정상회담에서 이 의제가 공식 논의될 것이며, 이어 10월 한미 연례안보협의회에서 양국가 간에 실무적인 합의가 이루어질 것으로 예측된다.

우리 정부의 이러한 방침은, 파산직전의 경제 상태로 말미암아 북한이 전쟁을 수행할 능력이 없으며, 미국은 한국의 작전통제권 환수 후에도 자국의 전략적 이익 때문에 한국에서 철군하지 않을 것이라는 검증되지 않은 가설에 바탕을 두고 있다.

사실 미국은 국외 주둔군의 재배치 계획에 따른 전략적 유연성의 재고와, 한반도 관련 방위비 부담 축소와 대 한국 무기판매 증가 등의 측면에서 우리 정부의 작전통제권 환수 방침에 한편으로는 동조하고 있다. 하지만 다른 한편으로는 전시 작전통제권이란 중요한 안보현안을 '주권 및 자주국방'과 연관시켜 이를 쟁점화한 한국 정부에게 상당한 불쾌감을 느끼고 있다.

우리가 작전통제권을 환수하고 이에 따라 한미연합사가 해체된다면, 한미연합 작전계획 5027(유사시 미군 자동 증원계획)도 함께 폐기될 것은 자명하다. 이는 미국의 한반도 유사시 자동개입에 대한 신뢰도를 떨어뜨려 북한에 대한 전쟁 억지력(Deterrence)의 감소로 이어질 것이다.

그러나 작전통제권 환수를 반대하는 논리는 주로 이로 말미암아 경제적 손실에 초점을 맞추고 있으며, 전쟁 억지력의 감소에 의한 전쟁 가능성의 증대라는 더욱 본질적인 문제는 논외로 하는 것 같다. 이는 북한의 군사력을 과소평가하거나, 북한이 같은 동포인 남한을 향해 다시 전쟁을 일으키지는 않을 것이라는 그릇된 민족주의에서 기인한다.

평화를 원한다면 1퍼센트의 전쟁가능성에도 철저히 대비하여야 한다. 이에 나는 작전통제권 환수 후에 일어날 수 있는 전쟁 시나리오를 제시함으로써, 역으로 이러한 전쟁을 가져올 수도 있는 작전통제권의 조기 환수를 반대한다는 논리를 전개하고자 한다.


한미동맹 와해 5년 후 군사력의 우세를 앞세워 북한군은 전면 남침을 개시한다. 북한군의 선제공격으로 말미암아 아군은 수일 내에 전방진지가 무력화되고 수 주 내에 서울을 함락 당한다. 그들의 제공권 장악과 스커드 및 노동 미사일의 가공할 만한 포격은 남한의 많은 인명과 재산상의 손실을 준다. 남한 내에 배치되어 있는 첨단무기가 대부분

파괴된다. 우리의 긴급 요청에 의하여 미군의 전쟁개입으로 전세를 역전시킨 연합군은 여세를 몰아 평양을 접수한다. 북한이 보유한 첨단무기가 대부분 파괴된다. 북한은 핵무기 사용을 준비한다며 엄포를 놓는다. 중국군과 소련군이 북한군을 지원한다. 전쟁이 소강상태를 보이면서 현재의 휴전선을 군사분계선으로 하여 다시 휴전에 돌입한다.

남북은 전후 복구와 경제 재건에 모든 국민이 허리띠를 졸라맨다. 우리는 다시 약소국으로 전락한다. 미국은 국제질서유지를 위한 대 한반도의 화약고를 제거했다는 자부심으로 자축연을 갖는다. 남북 간의 전쟁을 통하여 미국의 동조 하에 일본은 알게 모르게 위상을 강화 시킨다. 각종 한미·한일 조약을 재정비하는 과정에서 우리는 매우 불리한 여건을 감수하여야 한다. 남한에는 미군이 북한에는 중공군이 반영구적으로 진주하게 된다.


이는 가상적인 시나리오에 불과하다. 그러나 국가의 안위와 관련한 안보문제는 아무리 강조해도 지나침이 없다.

'유비무환(有備無患)'의 친필 휘호가 한쪽 벽면에 큼직하게 부착된 대통령 전용 상황판의 피아 군사력 비교표를 세심히 살펴본 박정희 대통령이 상황실을 정리하고 있던 나를 쳐다보며 한마디 내뱉은 말을 나는 잊지 못하고 있다.

"아무래도 군사력을 더 키워야 하겠지."

매우 열세에 놓여 있는 군사력에 대한 그의 심각한 면면을 보는 순간이었다. 그는 또 말을 이어간다.

"아무리 미군의 힘이 막강하다 해도 국민의 안보 정신이 해이해지면 우리도 월남처럼 비참한 꼴을 당하고 말겠지."

그는 정신전력의 필요성과 우리의 현실상황하에서 미군의 남한 주둔에 대한 절박성을 누구보다도 꿰뚫어보고 있었다.

유비무환의 박정희 대통령을 많은 사람은 독재자로 몰아붙인다. 그러나 그는 우리나라 조국 근대화의 주역이요, 철통같은 반공주의자로서 지금의 우리나라 군사력을 북한군의 근사치에 가까운 수준으로 끌어올린 우리의 지도자였었다는 것은 그 누구도 반론하지 않으리라 본다.

국정을 책임진 위정자들은 북한의 대남 공산화 전략에 대한 선군정치를 보다 구체적으로 파악하고 분석하여 철저한 대비와 아울러 주한 미군의 절대적인 존재를 새삼 깨달아주었으면 하는 마음에서 이 글을 제시한다.

– 2006년 8월 30일

# 고희사(古稀辭)

　나 박봉환(朴鳳煥)은 일천구백육십육년 십일월에 사랑하는 여인 김영희(金榮憙)와 혼인(婚姻)하여 서른 번의 이삿짐을 싣고 부리는 동안 팔도강산(八道江山)을 누비고 헤매느라 뒤돌아볼 틈도 없었는데

　이제 백발(白髮)의 고희(古稀) 되어 삶의 일진(一陣)에서 한걸음 물러나 보니 큰아들 영(永)은 조국(祖國)의 중견간부(中堅幹部) 되어 국토방위(國土防衛)에 여념(餘念)이 없고 작은아들
　적(積)은 학자(學者)의 뜻을 가슴에 안고 만리타향(萬里他鄕)에서 진리탐구(眞理探求)에 열중(熱中)이더라

　오랜 세월 보국일념지덕(保國一念知德)의 연금(年金)으로 먹을 것과 입을 것과 잠잘 곳이 있으며 건강(健康)함이 또한 남아 있으니 내 어찌 재산(財産)과 권력(權力)에만 도취(陶醉)되어 마음이 병(病) 들고 집안이 찌들어 있는 그 사람들보다야 못하랴

만년(晩年)에 등단(登壇)한 작가(作家)의 길을 여생(餘生)의 보람으로 알고 두 아들의 성실(誠實)함과 우리 식구(食口) 모두의 참 삶을 위하여 십자가(十字架) 앞에서 열심(熱心)히 기도(祈禱)하는 내 아내의 아름다움을 지켜보며 이 가정(家庭)을 더욱더 굳건히 지키리라고 다짐해본다

– 음력 이천칠년 사월 십이일 朴鳳煥

# 창작시


큰 숙제

잔인한 축전

해바라기 씨 익는 계절

돈치기 왕

만수무강

줄다리기

불청객

정(情)

토사구팽

# 큰 숙제

물려받은 숙제
풀어도, 풀어도 안 풀려

대(代)물림 하려니
왜라고 묻지는 마시게

원망스러워 투덜대도 좋으니
*지며리 풀어만 주시게

민족의 한(恨)
반공 평화통일

그 큰 숙제
그거 말일세


*지며리 : 마음을 가라앉히고 꾸준히, 차분히 탐탁하게

– 2008년 8월 15일

150

# 잔인한 축전(祝典)

재깍재깍 구 초(秒) 남짓
만인(萬人)의 축복 받으며
용(龍) 하나 승천(昇天)하니

*촌음(寸陰)에
나래 꺾인 *이무기들은
땅을 치며 통곡(痛哭)한다

한(恨) 서린 패자(敗者)의 눈물
검붉은 주름살 타고 시냇물 되어
트랙의 하얀 줄을 적신다

모두의 행복은 꿈이런가
일등(一等)만을 위한 잔치
올림픽은 잔인한 축전

*촌음 : 아주 짧은 시간, 눈 깜짝할 사이
*이무기 : 대망(大蟒), 용 되려던 큰 구렁이

— 2008년 가을

# 해바라기 씨 익는 계절

울 넘어 해바라기
꽃바구니 머리 이고 함박웃음 짓는다
해 저물어 귀뚤귀뚤 귀뚜리 슬피 우니
고개 숙여 땅 보고 가을 소식 전한다

해바라기 꽃 노랑 꽃
한 잎 두 잎 떨어지며 씨알 여물어
흙 진주 한 광주리 곱기도 하다만
차가운 뫼 바람에 허리를 구부린다

해바라기 씨 익는 계절
동네방네 풍년가 흥겨운데
죽장 든 저 노인
가는 세월 아쉬운 듯 가랑잎만 토닥인다


– 2008년 가을

# 돈치기 왕(王)

유리구슬 모두 따
주머니 볼록 채우고
엽전(葉錢)내기 하잔다

동전도 다 딴 그 친구
구슬 하나 선심(善心) 쓰며
용돈 생기면 또 만나자 꼬여댄다

돈치기, 환치기 꾼
금융가 주름잡더니
비계덩이 뚱보 되어 가쁜 숨 몰아쉰다

돈치기 왕 리먼 브라더스
배 터져 쓰러지니
지구촌 살림 먹구름만 드리운다


- 2008년 가을

# 만수무강(萬壽無疆)

고희(古稀)의 내게
건강(健康)을 물어온다면

내 슬하(膝下)의 모든 식솔(食率)에게
나의 성대(盛大)한 다음 잔치를 위해

백수(白壽) 계(契)를 행(行)하라
명(命)했다 하겠네만

나 홀로 상(床) 받으면
외로워 어찌하리

여보시게 벗(友)님네
만수무강(萬壽無疆) 빌고 빌어

당신과 나 이 노인 저 노인
복(福)된 여생(餘生) 다 함께 누리세


– 2007년 음 4월 12일

# 줄다리기

청군 이겨라 홍군 이겨라
영차 어영차! 밧줄 당긴다
오십팔 년 긴긴 세월 밧줄만 당긴다

백군 이겨라 황군 이겨라
영차 어영차! 싸움 번지니
파란 하늘 맑은 가슴 색깔에 찌든다

성난 살쾡이 발목 흔들고
동북 호랑이 상투 잡는데
동서남북 환란 중에 밧줄만 당긴다

황백 손잡고 홍 청 합치면
영차 어영차! 외풍(外風) 잠들어
동네방네 곳곳마다 새싹이 움트리라

영차 어영차! 밧줄 자르고
독도 백두산 촛불 밝히어
아름답고 풍요로운 꽃동네 이루자


– 2006년 11월

# 불청객(不請客)

오래전 젊었을 때
외출했다 돌아와 보니
*세간들이 어지러이 널브러져 있었다

사라진 금반지와 목걸이가 대수던가
불청객 흉한(兇漢)에게서 가족을 지켜주신 그분께
감사의 기도를 올렸다

어느덧 고희(古稀) 되어
또 다른 불청객이 내 몸속 깊숙이 숨어들어
육신(肉身)의 생명줄을 사정없이 갉아먹었다

결연(決然)히 잘라낸 반 근여의 창자가 대수던가.
병들어 썩어가던 이 몸에 새 삶을 주신 그분께
감사의 기도를 올린다

젊었을 때나 늙어서나
항상 긍휼히 살펴주시는 주님이시여
언제나 겸손히 우러러 올려만 보겠나이다


*세간 : 집안 살림에 쓰는 모든 가구


– 2008년 12월

156

# 정(情)

봄에 핀 그 꽃
창밖의 눈꽃 따라
철없이 또 피었네

정성 들여
곱게 키운
한 *동이 호접란(蝴蝶蘭)

은은한 꽃향기
송이송이 가득 채워
받은 정 돌려주네


*동이 : 모양이 둥글고 아가리가 넓은 그릇


- 2009년 1월 초순

# 토사구팽(兎死狗烹)


장기(將棋) 지고 들통 난 빈 지갑에
돈 없으면 꺼져라!
골목대장 고함친다

글(書) 속에 드러난 생활고에
짠돌이는 탈퇴하라!
글쟁이가 소리친다

친구 하자 불러놓고
글 쓰자 모아놓고
토사구팽 일삼으니

이편, 저편
패거리 지어
글 대신 험담만 토해낸다


- 2009년 1월 중순


토사구팽(兎死狗烹)

# 삶의 흔적 (痕迹)

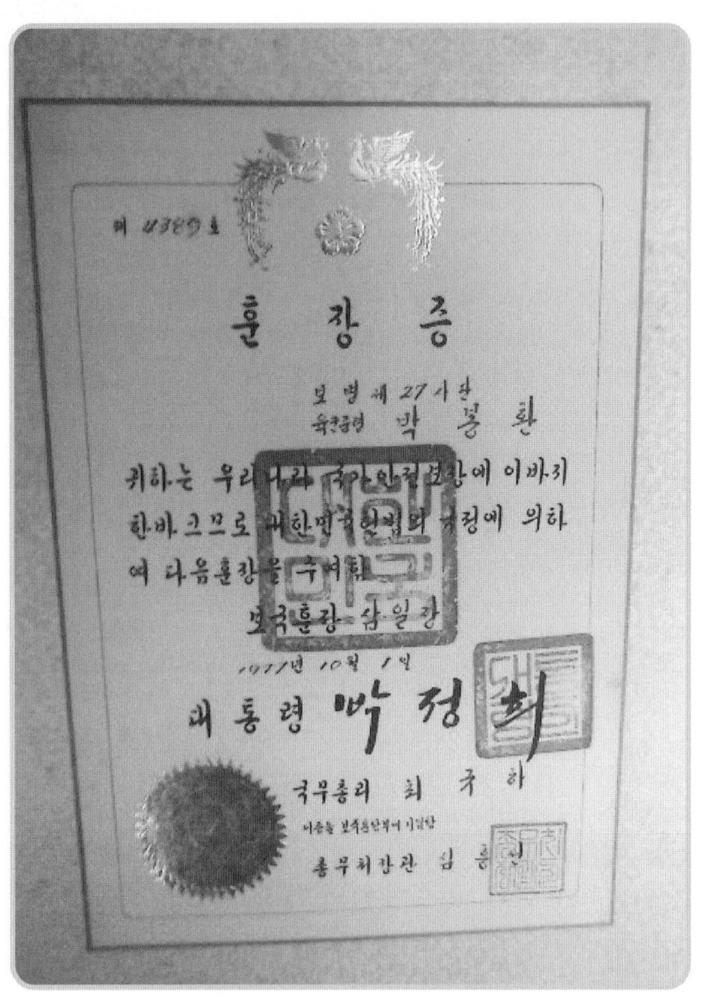

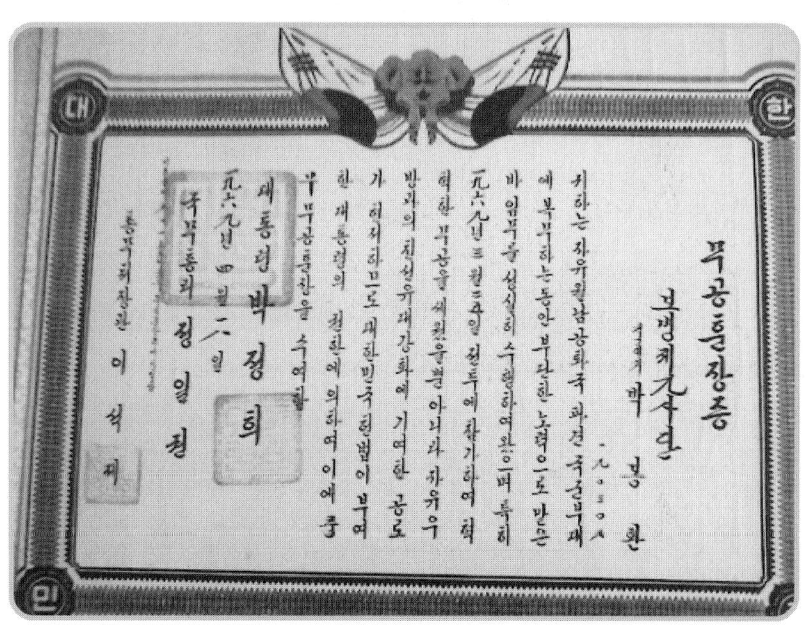

무공훈장증

제 호

육군하사 박 봉 환

귀하는 자유월남 공화국 파견 국군부대에 복무하는 동안 부과된 임무를 성실히 수행하여 왔으며 특히 一九六七년 三월 二〇일 전투에 참가하여 적의 침입우세 강화에 기여한 공로가 혁혁하므로 대한민국 헌법이 부여한 대통령의 권한에 의하여 이에 무공훈장을 수여함

一九六七년 四월 二八일

대통령 박 정 희

국무총리 정 일 권

국방부장관 이 석 제

# 中年辭

나 朴鳳煥은 壹千九百六拾六年拾壹月에 사랑하는 女人 金榮喜와 婚姻하여 스무 번의 이삿짐을 싣고 부리는 동안 八道江山을 누비고 헤매느라 뒤돌아볼 틈도 없었는데,

이제 半白의 中年이 되어 한숨 돌리며 生覺해보니 큰아이 永은 生徒時節의 矜持를 自負하며 靑雲의 뜻을 한껏 키우고자 푸른 바다와 더불어 心身涵養에 餘念이 없고, 작은 아이 積은 延世學堂의 좁은 門을 꿰뚫고 國公의 志望生이 되어 있더라.

오랜 歲月 保國一念之德의 年金으로 먹을 것과 입을 것과 잠잘 곳이 있으며 健康함이 또한 남아 있으니 내 어찌 財産과 勸力에만 陶醉되어 마음이 病 들고 집안이 찌들어 있는 그 사람들보다야 못하랴.

하나님의 恩寵을 받은 公認仲介士 資格을 晩年의 일거리로 알고 두 아이의 誠實함과 우리 食口 모두의 참 삶을 위하여 十字架 앞에서 熱心히 祈禱하는 내 아내의 아름다움을 지켜보며 이 家庭을 더욱더 굳건히 지키리라고 다짐해본다.

(一千九百九十一年 十一月 二十五日 銀婚記念日에)

신인작가상

소설부문 : 박 봉 환

귀하는 자유문에서 시행한
신인작가에 응모하여 소설부문에
당선 되었기에 이 상패를 드립니다.

2006년 7월 8일

자유문예문인회 회장 홍종기
자 유 문 예 발행인 우흥배

2006년 소설 부문에 이어 2007년 수필 부문에서 각각 신인문학상을 받아 고희(古稀)의 늦둥이로 등단한 나는 짧은 문재(文才)로 인해 동료 문우들보다 두 배, 세 배의 시간과 노력으로 미력하나마 창작의 즐거움을 맛보고 있다.

본 문집(文集)은 등단 후 여행이나 골프 등 노년층의 여가 생활을 뒤로한 채 컴퓨터 자판을 두드리며 보낸 지난 3년간 내 삶의 결정체로, 칠십 평생 보고 듣고 느낀 점을 후대에 전달하기 위해 쓴 3편의 단편소설과 13편의 수필 그리고 9편의 창작 시를 담았다.

한편 문학활동 중에 교감(交感)한 문인협회 선후배 동료 문우(文友)의 특선 창작 시 40편을 부록으로 함께 실을 수 있게 된 것은 커다란 행운이다. 이 지면을 통하여 주옥같은 작품을 판권이나 저작권의 주장 없이 기꺼이 기증해주신 문우들께 무한 감사드린다.

아울러 본 졸고(拙稿)의 편찬에 직접·간접으로 관여하고 도움을 주신 모든 분들과 미력한 글을 끝까지 읽어주신 독자 제위(諸位)께 심심한 감사를 드린다.

牛步　朴　鳳　煥

## 각종 문예지에 투고한 글


「행운의 캡틴」 : 〈자유문예〉 제7호 2006년 7월

「종갓집 오형제 이야기」 : 〈자유문예〉 제10호 2007년 1월

「훈장 선생님과 천렵하던 날」 : 만다라문학 동인지 〈늘푸른소나무〉 2007년 봄호

「한 편의 습작 시」 : 만다라문학 동인지 〈늘푸른소나무〉 2007년 봄호

「추억의 향로봉」 : 계간 〈만다라문학〉 2008년 여름호

「추억의 신혼시절」 : 계간 〈만다라문학〉 2007년 여름호

「태풍 불던 날 나는」 : 만다라문학 동인지 〈늘푸른소나무〉 2007년 봄호

「월남전 회고」 : 계간 〈만다라문학〉 2007년 가을호

「동지와의 대작」 : 계간 〈만다라문학〉 2007년 여름호

「언어(말과 글)」 : 계간 〈만다라문학〉 2008년 봄호

「청소년 탈선과 만혼 사상」 : 만다라문학 동인지 〈늘푸른소나무〉 2007년 겨울호

「까치의 교훈」 : 만다라문학 동인지 〈늘푸른소나무〉 2008년 겨울호

「북한의 대남전략과 우리의 안보 불감증」 : 계간 〈만다라문학〉 2007년 겨울호

「주한미군 작전통제권 환수 후의 가상 시나리오」 : 계간 〈만다라문학〉 2008년 가을호

작품집 발간을 축하드리며…

이광복

(한국문인협회 소설분과 회장)

우리나라 마지막 천민 세대인 동만이와 그의 딸 순이의 굴곡에 찬 일생을 그린 「꼬마각시와 꼬마신랑」에는 우리나라 현대사의 한 단면이 녹녹히 녹아 있다. 「행운의 캡틴」에는 월남전에서 작가가 직접 경험한 삶과 죽음의 현장이 매우 박진감 있게 소설로 승화되어 있다. 아울러 조상에 대한 추모를 전통적인 제사에서 기독교식의 추도예배로 바꾸는 이야기를 다룬 「종갓집 오형제」는 등장인물에 대한 심리묘사가 섬세하다.

「훈장선생님과 천렵하던 날」, 「추억의 신혼시절」, 「까치의 교훈」 등의 수필에는 작가가 한평생 살아오면서 마음 한구석에 간직해 두었던 그리움과 인생에 대한 성찰이 흥미진진하게 표출되어 있다.

할아버지 대에서 생겨난 남북분단의 비극을 해결하지 못하고 이를 아들 세대에게 고스란히 물려주는 아버지의 안타까움을 시화한 「큰 숙제」는 동시대를 살아가는 우리 모두의 가슴을 무겁게 한다.

저자의 미려한 문장력과 독특한 상상력은 그의 문집을 돋보이게 하는 힘이다. 저자의 필력으로 보아 저자가 좀 더 일찍 문학에 몸을 담지 못한 것이 아쉬움으로 남는다. 이제나마 훌륭한 작품집을 발간하게 된 것을 진심으로 축하드린다.

〈부록〉

# 글벗20인 기증시

〈만다라문학문인협회〉

시인 유영호- 혼자 밥상을 받는 것은 슬픈 일, 인력시장

시인 연규월 - 모란, 하지

시인 이정남 - 소원 성취, 섭리

시인 권오중 - 아카시아, 딱따구리

시인 전상순 - 당신이 희원, 가을이 다 지나간다니

시인 송국회 - 고향의 얼굴, 세월

시인 정종연 - 과분한 사랑에, 어떤 황당한 사고

시인 이창용 - 외로움, 그대 오세요

시인 최순희 - 봄바람의 축제, 영덕 게

시인 김영재 - 억세 바람, 민들레

시인 이승하 - 풍경, 쓰레기

시인 김재원 - 향수, 들꽃

시인 서정호 - 각설이, 호접


〈자유문예문인협회〉

시인 홍종기 - 간절곶, 지리산

시인 김기진 - 그림 그리기, 팽이

시인 박찬구 - 눈물 빛 하얀 꽃, 내 작은 집

시인 박 혁 - 왠지 당신에게서는, 별이어서 좋았다

시인 박근수 - 의사당 앞에서, 숙련된 왕따

시인 김종선 - 몽환의 사랑, 밤바다

시인 이근선 - 달래, 고향 친구

# 혼자 밥상을 받는 것은 슬픈 일

허기를 즐기다 지쳐 식당 문을 연다

나무구슬로 만든 찌든 발이

해장술에 취해 달려들고

서부영화의 주인공처럼 팔을 뻗어

사정없이 밀치며 들어선다

땟물이 페인트를 벗겨버린 식탁

복부 수술 중에 졸다가 깬 의자

립스틱으로 어설프게 나이를 가린 여자가

위 아래로 X-ray 찍으며

어서 오세요

문 틈새로 보이던 사람에게 하듯 건성이다

게으른 걸음으로 물 컵을 내려놓는다

뭐 해드릴까요?

푸석거리는 말은 바닥에서 부서지고

전파사에서 건너온 노래가 덮어버린다

술병이 두 개나 그려진 차림표를 안경이 Scan한다

꿀꺽 하고 침이 먼저 밥을 삼킨다

김치찌개 주세요

삼켰던 침을 뱉어낸다

나 대신 바보상자가 게걸스럽게 시간을 먹는다

나와 출생신고를 같이 했을 것 같은 쟁반
밥과 찌개를 앞에 놓고
젓가락으로 밥상을 뒤집어가며
누군가와 함께 할 식사를 찾는다
혼자 온 것이 아니라면
위의 연(聯)은 다 쓰이지 않았을 것

– 2007년 가을

# 인력시장

드럼통을 넘나드는 시뻘건 불길이
기세 넘게 덤비지만
등짝에 맴도는 한기(寒氣)에는 역부족이다
미장공 김 씨가 동전 몇 개로
자판기의 허기를 달래주고

가본 적 없는 교회지만
붉은 십자가를 보며 중얼거린다
오늘은 제발 잡일이라도 주시기를
귀에 꽂았던 꽁초에 불을 붙이면
타들어가는 속은 쓰디쓰게 흩어지고

오늘도 기도는 약발을 받지 않는 모양이다
골목을 나선 그림자는 하수구에 처박히고
아내가 싸준 도시락은 집에서 먹을 것이다

– 2007년 봄

---

유성(流星) / 유영호

만다라문학 2007년 봄호 시 부문 등단
한국사진작가협회 회원
만다라문인협회 회원
DECO STONE CO. 대표

# 모란

누구의 혼 깨우려고
이리도 고운 댕기 분장하였더냐

그렇잖아도
젖멍울 선 가슴
봄을 흠모하는 것만으로도
감당키 어려운데,
요정 같은 입술로
더는 바람 앞에 나폴거리지 마오

하늘 아래
으뜸으로 수려한 그대 미소에
뭇 영혼들 넘어질까 두려우니
너무 어여삐 웃지는 마오
혹여, 혼절하는 이 있거든
그대 사랑할 수밖에 없었던 운명인줄만 아오

– 2007년 6월 29일

# 하지(夏至)

장맛비 몰아낸 초록바람이
반쯤 누운 산그늘을 지나가다가
저기, 조롱박 같은 얼굴로
은구슬처럼 반짝이는 물보라 속에서
미래의 탑을 쌓는
아이들의 웃음소리에 숨이 멎는다

이내, 속잎 푸른 나뭇잎은
구름사이를 들락거리던 낮달과 눈이 맞고
여우비가 잠깐 졸고 있는 사이
모처럼 노모의 구성진 노랫가락이 산을 넘는다

토박이 갈참나무 아래 몸 푼 빨간 노을이
낭군이라도 만난 듯 산등성이에 안겨
풀어진 옷고름 주워 맬 줄 모르고
종일, 고요에 심심하던 산마을은
아침 같은 분주함으로 다시 불이 켜진다
홀로 담장을 애무하던 나팔꽃도 그제사야 등을 단다

그렇게 풍경처럼 어스름한 오솔길을
다분다분 걸어오시는 아버지 등뒤로
개구리는 왜 그리도 꽈리처럼 울어대는지

아무것도 모르는 파란 눈 반딧불이가
사분사분 앞서 내(川)를 건너다
문득, 별이 쏟아진 듯 환한 박꽃에게 눈이 먼다

- 2007년 7월 12일

---

**송영(松影) / 연규월**

만다라문학 창간 발기인
만다라문학 발행인
2006년 제3회 효석문학상 수상
2007년 제1회 만다라문학상 수상

## 소원 성취

켜켜이 쌓인 먼지 같은
내 낡은 꿈의 그림자
내 소유가 아닌 것 같아
애써 눈 감고 외면한 긴 시간

곰팡내 나는 꿈을 버리지 못해
해마다 들춰보던 미련의 부스러기
맑게 소독한 마음의 솜뭉치로
빛바랜 유년의 꿈 위에
수북이 쌓인 곰팡내 나는 먼지를
닦아내고 훔쳐내는 고된 열정의 시간

꼭 가야 할 운명의 길이라
가시밭길 알면서도
기웃기웃 동경하며
두려움 안고 문을 두드린다

그 뒤
반짝반짝 눈부신 빛을 뿜는 금강석 소망이
환히 웃고 있다

– 2008년 1월 23일

# 섭리

헤어짐의 아픔은
죽음보다 강해
온 가슴
피 흘리는 고통으로
흥건하게 젖어오는데
절망보다 더 큰 희망의 씨앗 하나
살며시 들어와
너를 보낸 아픔 망각케 하면
절망의 끝자락에서 싹트는 새로운 희망을 본다

꽃샘추위에
피워보지도 못하고 떨어질까,
뜨거운 태양 아래
목말라 신음할까,
모진 폭풍우에
연약한 잎사귀 상처 날까
노심초사 너를 향한 애틋함이
가을날
화려한 몸짓으로
나폴 나폴 춤추며 보답될 때
고난의 끝자락에 숨어 있는 환희를 본다

화려한 영광의 기쁨도 순간
어길 수 없는 법칙으로
또다시 너를 보내야만
내가 살 수 있고,
또 다른 너를 다시 안을 수 있음에
삼킨 눈물로 피 토할 것 같아도
악착같이 매달린 분신을
매정하게 도려내어야 했을 때
무엇 하나 영원할 수 없음이 삶의 진리임도 깨닫는다

찰나의 감정으로
울고 웃는 인생
희로애락오욕애(喜怒哀樂惡欲愛)
부질없음 깨닫는 순간
모든 것이 평화와 기쁨이다

– 2007년 12월 14일

---

서은(抒恩) / 이정남

2007년 만다라문학 시 부문 등단
2007년 만다라문학 평론 부문 등단
만다라문인협회 회원
대교 솔루니 독서 논술교사

# 아카시아

아카시아 꽃 구슬
*주렴다이 늘어져

향기도 좋을시고
감미로워라

비상(飛翔)할 듯
나래 편
*꽃 보선이여!

이상(理想)은
하늘을 날아도
현실은 꽃줄기라!


*주렴다이 : 주렴 같이
*꽃 보선 : 꽃버선의 작은 말

# 딱따구리

딱딱딱 딱딱딱
나무를 노크하는 소리가
산의 정적을 깨뜨리고
부산하게 들린다

하얀 나무속살이
톱밥 되어 떨어지고
근심 걱정도
함께 떨어진다

나무 위에서는
딱따구리가 작은 부리로
나무를 쪼며
삶의 먹거리를 찾고

나무 아래에서는
사람들이 작은 입으로
술 마시고 수다 떨며
삶을 이야기한다

딱따구리는
쉼 없이 머리를 움직이며
나무를 향해
시간을 쪼고 있고

사람들은
쉼 없이 머릿속을 움직이며
꿈을 향해
시간을 좇고 있다

산중월(山中月) / 권오중

2007년 만다라문학 시 부문 등단
2007년 아람문학 신인문학상 수상(수필 부문)
1995년 하나로문예 대상 수상(수필 부문)
만다라문인협회 회원

# 당신이 희원(希願)

좋은 마음으로 지내다 보면
먹구름도 가만가만 변화를 일으켜
끝내 별이 걷고
욱욱청청 마음 밭에
향기 가득한 수목이 우거지겠지요

까닭 모를 꺾임 속에서도
싹은 늘 일어났듯
우는 이에게
모든 입술의 위로를 엮은 꽃다발보다
당신 위로의 꽃잎 한 장이면
마음을 다 채우고 덮고도 남겠습니다

짓밟힌 잡초도 생명력에 목숨을 걸고
배부른 소도
사람만 보면 소리를 내듯
사람에겐
쇠했을 때나 흥할 때나
구원자이신 당신이 희원(希願)입니다

# 가을이 다 지나간다니

지진에도 강할 것 같은 대나무 길을
실안개 헤치고 한참 걸었습니다
걷다 보니
어느덧 가을의 끄트머리

감성을 먹고사는 가을의 신神이여,
올가을이 다 지나간다니
왜 이리 서운할까요

붉게 타는 편지 한 통도,
가을비에
눈물 한 방울 떨어뜨려 보지도 못했는데
가을이 가려 하네요

통나무로 만든 멋스런 길도
가을도 타보지 못했는데
벌써 입동 준비 서둘러야 하니

더 깊은 곳으로 바삐 갈 걸음 멈추고
이 가을이 다 가기 전에
만남 없는 약속에 맨송한
옷장에 그대로 있을 옷가지 꺼내어

가족과 혹은 혼자서
눈과 눈썹 거리만큼 가까운
목석초화(木石草花) 어우러진 곳에라도 가서
햇무리 받아야겠어요

마음 구석구석 다 녹여
온몸 따스하다 전해줄게요
잘한 일이라 전해줄게요

인무리 / 전상순

가톨릭 일본어 전공
문학21 등단
늘푸른소나무 문학상 대상 수상
만다라문학 문학상 수상

# 고향의 얼굴

기다랗게 늘어선 철길 따라
깊어진 어둠 헤치며
눈에 가득한 고향의 얼굴 싣고 달리는 기적소리

마음은 이미 항일 독립투사 백정기 의사의
기상과 얼이 자리한 기념관에 묵념을 올리고
하얀 우산을 뒤집어쓴 채
다리를 길게 뻗친 신작로 길섶에 서 있는
메타세쿼이아(가로수)의 사이에
볼그스름한 첫사랑 순이의 미소를 바라보며

허기진 배는 처마 끝 선에 우뚝 솟은 굴뚝에
뭉게뭉게 피어오르는 어머님의 손맛에
이미 배를 채우니
홍익회 아저씨의 더욱 깊어지는 눈가의 주름살

망부석(望夫石)을 바라보다
철마가 멈춰버린 고향 역
달빛에 더욱 너른 광장은
하얀 솜이불 덮고 있기에
깨우기가 조심스럽기만 합니다

독야청청 소나무처럼 변함없이
동학혁명(東學革命)의 깃발이 나부끼는
나의 탯줄이며 젖줄이었던 고향의 얼굴엔
나를 낳으신 아버님과 나를 기르신 어머님
두 분의 뼈와 피로 만들어진 형제가 있고

하얗게 눈 덮인 들녘에는 같이 뛰놀았던
옛 친구들의 향기와 발자취는
아직도 복실 강아지와 함께 어우러지고
동네 한가운데에 봉곳하게 자리한
선술집 대폿잔은 웃음으로 가득 채워집니다

밤을 새워가며 높이 든 우정을 부딪친
고향의 얼굴은
나를 만들어주신 부모님의 은혜로
피를 나눈 형제로
정을 나눈 이웃으로
깨금발로 부르던 친구의 얼굴로
오늘도 이내 가슴에
둥근 보름달 닮은 고향의 얼굴이
환하게 떠오릅니다

- 2008년 1월 9일

# 세월

깊디깊은 밤
어둠이 길을 잃고 멈춰 서버린 그 발자취에서
이 몸이 만들어지고
태(胎)로부터 세상에 나왔지만
석 달 열흘 굶주린 범(虎)의 발톱 타고 내려온
사나운 세월에 할퀴고 찢기었어도
무엇인가 남기고 가야 하는 삶이기에
울고 웃는 아릿한 세상 속에
가슴에 핀 향기 지워가며
한 겹 한 겹씩 살갗을 벗기면서
천 년의 꿈꾸었거늘
삶의 진한 그리움 다독이지 못한 채
가는 세월의 향기가 야속하기만 하고

어둠이 깊이 무는 밤
나무 가지가지마다 대롱대롱 매달려 있는
바람이 떨어지고
처마 밑에 춤을 추듯 흔들거리며 울고 있던
풍경소리가 떨어지면
나의 두 눈도 깊이 감기는데
천 년의 세월 불 밝히려는 꿈은
떨어져 뒹구는 바람과

부러진 목으로 우는 풍경소리에
잡을 수도 막을 수도 없는
아릿하게 지는 세월이 야속하기만 한데
나는 무엇을 남기고 가야 할까


– 2007년 12월 2일

---

야객(野客) / 송국회

2007 만다라문학 신인문학상 수상
만다라문인협회 회원
2007 아람문학 신인문학상 수상
아람문예문인협회 회원

# 과분한 사랑에

지금까지 내가 사랑을 준 사람보다는
수많은 사람으로부터 사랑을 받으며 살아왔다
넘치고 가득 차 감당할 수 없을 만큼
내가 과연 이런 사랑을 받을 자격이 있을까?
평화와 자유를 사랑하는 이 땅에서
하늘이 맺은 헌신적인 가족사랑 외에
동호, 성룡, 병준, 영호, 행진, 정환 등
셀 수 없는 친구들의 순수한 우정
김상주, 이문범, 강일두, 황태랑, 이종국 등
평생의 은혜 스승 사랑
그리고 김동수, 황준종, 김상수, 임동확 등
소중한 선배들의 후배 사랑
난 그 사랑에 아무것도 해드린 것이 없다
늘 받기만 하고
보잘것없는 마음 하나 붙들며
핑계만 일삼은 세월을 보냈으니
사랑할 차례를 기다린 것은 아닌가!
이제라도 사랑하며 살고프다
나를 필요로 한 사랑이 그 무엇이든
사랑하며 사랑하면서 영원히
기억 속에 남은 것에 머물지 않고
내 가슴에 살아 숨 쉬는 모든 것을 찾아서
당신에게 아낌없이 모두 바치고 싶다

# 어떤 황당한 사고

맑은 하늘에 벼락 치듯
달리는 토끼가 나무를 치받듯
사람이 사람을 치받아
원수가 되고 또 어둔 길을 걷고
길을 가나 차를 타나
조심조심하거늘
내 눈동자만 멀쩡하면 괜찮은 세상이 아닌가봐!
출근길에 왜 서 있느냐고 시비 걸듯
갑자기 머리에서 번개 치더니
차가 사람에게 받혔다고 횡설수설 오리발 탕을 삶고
어떤 이는 묻지 마 휘둘려에 안타까운 꽃잎이 지는
생명이 생명을 밟는 희한한 거리에
오호통재라!
도덕적 가치가 동전보다 못하여
사막처럼 황사가 날리고
더불어 사는 세상 그것참 어렵다
조금만 더 미안한 마음 늘 감사하는 마음으로
동행 길에 함께할 수는 없을까?

---

운봉 / 정종연

대한교과서(주) 팀장
2007년 만다라문학 시 부문 신인상 수상
만다라문인협회 사무총장

## 외로움

봄 햇살 같은 그대 사랑
앙증스럽게 달려오는 아지랑이 같아라
간간이 찾아오는
외로움의 파도는
가슴 도려내는 이별보다
더 큰 아픔이라

내 마음 속에 드리워진
그믐날 밤의 캄캄한 외로움은
그대의 따스한 손길에
어둠이 걷혀지고
그대의 환한 미소에
행복으로 태어나는데,

지금쯤 그대는 어느 하늘 아래에서
꿈을 키울까

# 그대 오세요

내가 지쳤을 때 쉼터가 되고
이 세상 가장 부드러운 미소로
서러움 씻어주던 천사 같은 그대
이 밤엔 꿈에서라도 찾아오세요

우리 늘 함께할 순 없지만
날 위해 두 손 모아
멀리서 울어주고 있을 그대
어쩌면 나보다 더 바보인 그대
하루라도 빨리 제게 머물러 주세요

슬픔 가득 젖은 눈망울
미소 속 서글픈 웃음들
모진 세상에 벗어두고
한 발 내딛어 내 품에 안기세요

조그만 입술의 마법으로
사랑의 목소리를 늘 듣게끔
내 곁에 와서 머물러 주세요
그리고 나지막이 속삭여 주세요

삶의 희망을 샘솟게 하고
내 아픔 가져가서 희망을 주고
제 아픔 감춘 채 눈물로 위로하는
그대 이젠 조용히 꿈을 꾸세요
그리고 또 나에게 기대세요

**향천 / 이창용**

2007년 만다라문학 시 부문 등단
만다라문인협회 회원
한국시인문학협회 회원
낙동강문학 편집위원

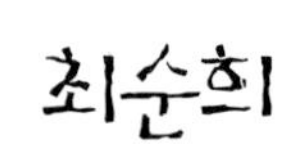


# 봄바람의 축제

봄바람이
낙엽들을 잠에서 깨운다
깡충깡충 뛰며
봄 축제에 초대를 받았다네

축제날에는
빙글빙글
회오리 동반하여
춤을 춘다네

한껏 들뜬 마음
가지 각각
낙엽들의 축제는
깡충깡충
빙글빙글

똑같은 마음
똑같은 모습으로
봄바람의
축제를 즐긴다네

# 영덕 게

앞으로 갈 줄
모르는 너는
등껍질 딱딱하니
천하무적

옆으로, 옆으로 가면서
오만 잡가지
모두 주워 삼키네

다리가 많아서
하는 일도 가지가지
한 다리 운동 하고
한 다리는 곡물 주워 삼키고
또 한 다리는
너무나도 멋진 집게발일세

모두 모여 앉아
무쇠 화로에 얹으니
붉게 홍조 띠며
산산이 찢겨 나가네

**최순희**

만다라문인협회 회원
월간문학21 시 부문 신인상 수상
2007 한국문학정신 시화전 입선
사랑의바르게살기운동 편지쓰기 대상 수상

# 억새바람

듬성듬성
속살 뵈던 아버지의 머리
희끗희끗 애잔 터니
아버지 누우신 곳
잔디 대신
억새만 자라
부풀린 허연 꽃
바람에 머리 풀어 흔든다

— 자식 있어 무엇 하리

죄스러워 숙인 고개
괜찮다 다독인 듯
등 미는 바람이여

# 민들레

어찌하여 길가에 버려졌든가
먼저 생겨난 풀잎 사이로
햇빛을 그리는 아픔

발자국 소리에 놀라고 마는
호기심으로 지은 죄
한꺼번에 무너지고

바람 타고 떠나는
저 세상에서 잠들 수 없는 꿈이
이렇게 혹독한 시련일 줄이야

한 줄기 바람에 별들이 날리어 가고
사라진 별들은 또 어느 길가에서
작은 꿈을 키울 것인가

자미(紫薇) / 김영재

만다라문학 편집인
2005 문학21 시 부문 등단
2006 시사문단 시 부문 등단

# 풍경

물의 흐름을 가늠할 수 없듯
시간도 멈추어버린 듯
고즈넉이 어둠이 내리는 호숫가
물새 두 마리
앞서거니 뒤서거니
물 꼬리 잡으며 살포시 사랑을 나눈다

스쳐가는 바람이
수양버들 긴 머리채를 잡고
그네를 타는 사이로
두엄은 코끝을 스치며
밭고랑 사이를 들락거린다

자맥질하는 새떼
해거름에 놀라
하늘을 차고 오르면
저 멀리 사라져가는
통근 형 기적이 저녁을 알린다

모텔의 네온사인에 부서지는
라일락 향기
별무리 되어 흩어지는
양수리 호숫가는
한 폭의 선유도(仙遊圖)를 연출한다

두 그림자는 주인공으로 마주선다

# 쓰레기

하루의 찌꺼기가 쌓여 있다
쓰레기 썩는 냄새가
저녁 공기와 맞물려
콧속을 후비며 미간을 찌푸린다

일상의 부스러기가
네온사인 쏟아지는 거리 위로 넘쳐
널브러진 길가를 나뒹굴고
알뜰하게 발라 먹은
생선 뼈다귀와 씨름하던 고양이가
발소리에 야옹야옹한다

넘어진 취객 옆에
나자빠져 울던 소주병은
청소차에 새벽이 실려가면
툭툭 털고 일어난
주정뱅이 따라 어디론가 사라진다

승하 / 이승하

만다라문인협회 부회장
만다라문학 동인지 늘푸른소나무 발행인

# 향수

시골의 흙 내음 맡으며
앉아 있노라면

먹구름 몰려온 하늘에는
제비 떼 날고
들판에는 송아지 풀을 뜯는다

강가에서 들려오는
꼬마들의 재잘거림
바람이 살며시
벼이삭에
입맞춤하며 지나간다

산에서 새들이 지저귀고
우리 둘은 사랑노래 부르며
행복을 약속한다

바람이 살며시 나의 입술에
입맞춤하며 지나갈 때
앞뜰에 나무도
질투를 하는 듯이
몸을 부르르 떨고 있다

# 들꽃

둑 가에 우뚝 서 있는 너
외로운 너
시골길 먼지 마셔도

살겠다던 너
지금도 외롭게 서 있겠지
네 옆에는 아무도
없는가
누군가 너를 사랑하고파
너에게 속삭이는가
때 아닌 비바람에 마음은
흔들리고 내리는 비에게
그리고 지나가는
바람에게 내 곁을 떠나지 말라고
몸을 떨어본다

비추 / 김재원

만다라문인협회 회원
2006 문학21 신인상 수상
2007 월간문학21 이달의 시인

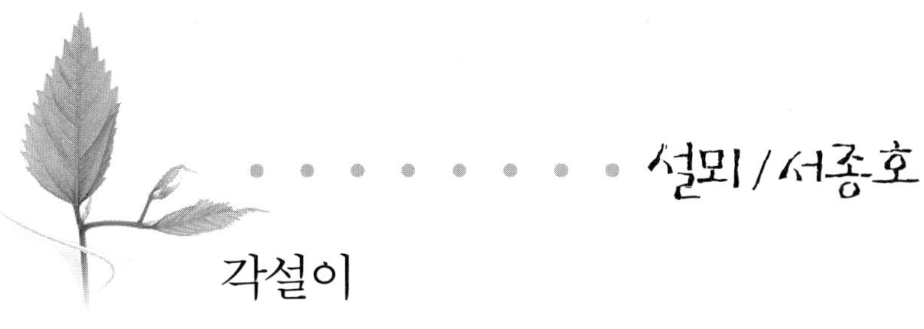


# 각설이

몸을 던져 나를 보고
선한 눈으로 너를 보며
삶의 허구를 들여다본다

보이지 않는 삶의 한계를 허물어
담지 못할 언행 없는 해방구
풀어놓지 못할 넋두리가 난무하니
한바탕 웃음이 쓰러진다

끝 간곳없는 막다른 골목에서
벌거숭이 언어로 내발리고 휘감고
외줄 타는 광대로 바람을 일으킨다
나신으로 춤추고 몸부림을 한들
누가 뭐라 할까
한바탕의 웃음이 쓰러진다

산 넘고 물 건너 바람 따라 흘러가고
오가는 세월 따라 발길 닿는 곳
가위 장단 북장단 신명 들린 몸 장단
만나는 사람마다 시름을 달래놓고

세상사 혼돈 속
거침없이 몰아가는 추임새 따라
각설이 한마당이 벌어지면
한바탕 웃음이 가슴을 뚫는다

은유와 비유는 무슨 상관이냐
해학과 풍자로 넘어가고
한바탕 웃음으로 소통하는 정화(淨化)

– 2008년 4월 1일

# 호접(胡蝶)


춘심이 혼령 되어
청산에 그리운 임 찾아 나선
가냘픈 영혼의 나부낌이여!

오솔길엔
봄 햇살이 적적하고
배어드는 온기에 몸 뒤척이는
낙엽의 몸부림만 소곤소곤 자자하다

고요가 멈춰선 시간 위로
잰걸음으로 나풀나풀 황망하니
마음이 괜스레 서둘러진다

서두는 동선 위로
수만 개의 포물선이 풍선처럼 허공을 날아
아름다운 몸단장과 조화를 이룬 춤사위

찾아 나설 임이라면
보내지 말 것을
보내고 그리운 임 찾아
꽃단장에 서툰 걸음이라니

나비 한 쌍
길 막아 서 이리저리 희롱하여
괜히 바쁜 마음 더욱 어지럽다

– 2008년 4월 11일

설뫼 / 서종호

2006년 만다라문학 시 부문 신인상 수상
만다라문인협회 회원

# 간절곶

답답한 곳은 가지 않으려는 내 마음을 아는
친구들의 안내로 참 멀다고 느낀 순간에
대한민국의 지상에서는 해가 가장 빨리 뜨는 곳
그곳은 바닷가를 헤치고 뾰족이 나가 있었다

생전에 처음 본 커다란 우체통은 마음과 함께
육신을 담고도 남을 크기로 바다 쪽으로 난 문
그 안에 글을 쓰고 편지를 부칠 수 있는 책상이,
그러나 마음을 담을 봉투는 있지 않았다

철썩이는 파도가 마음을 담을 봉지라면 차라리
ㄱ 속에 풍덩 뛰어들고 싶은 육신 철퍼덕 빠져
썰물과 함께 어디든지 따라가고 싶다
육신의 한쪽만이라도 떠나보내고 싶다

등대에 올라 저 멀리 짙은 안개 속으로 빠져나온
국적도 없는 배가 다가오는 바닷길 옆으로
헤매지 못하도록 잡아주는 그대, 그대여
바람결에 휘날리는 마음 오직 한 길로 비추소서

# 지리산

첩첩산중에 살던 할아버님과 할머님은
누워계신 어른들을 두고 떠날 수 없어
호랑이와 곰을 동무 삼아 살아오셨다는
전설 같은 조상의 집을 찾아 기어올랐다

총알을 퍼부어 내쫓는 바람에 떠나온
그곳에는 어른들만 그들에게 짓밟혀
할아버님과 할머님의 후손들이 함께 올랐다

계곡을 타고 흐르는 맑디맑은 물속으로
통곡을 하며 울부짖는 그곳에는
늘 푸른 소나무 사이로 싱그러운 바람이
햇살을 사정없이 두들기고 있었다

계곡물처럼 흘러버린 세월은 찾을 수 없고
수십 년을 흐른 재목은 썩어 바람에 날아가고
구들장만 남아 버석버석하게 맞아주는 땅에서
말라 떨어지는 솔방울처럼 세월은 떠난 뒤였다

---

인학 / 홍종기

자유문예문인협회 회장 / 국제펜클럽 회원
창작과 의식 고문 / 문예사조 편집 및 심사위원
대한민국 자원봉사단 단장 / 영남문인협회 회장
러시아 한국 교류문학상 수상

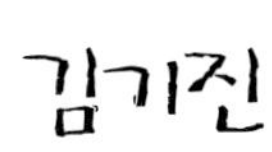

김기진

## 그림 그리기

하늘은 푸른 칠판
제일 큰 칠판

바람은 지우개
제일 큰 지우개

구름은 하얀 분필
제일 큰 분필

하늘에다 구름으로
무얼 그릴까

앙치는 목동 그림
재미있겠다

바람으로 지우고
무얼 그릴까

꿈에도 뵙고 싶은
아버지 얼굴

소중히 그려놓고
두고 볼 테야

# 팽이

치켜든 하늘에서 떨어지며 휘어
철썩 가혹한 매질로 등짝에 떨어져
웅 웅 떨며 맴돌고

그 아픔 미처 삭이기도 전에
연이은 매서운 매질 휘감아 뿌리쳐
제 무게마저도 잃어버리고는

온통 돌아가는 세상을 튕기듯 도망쳐보나
원 그리며 제자리 돌아오고

시련으로 몰려와 떨어지는 매질에
습관처럼 제 등짝 들이밀며
온몸 꼿꼿이 세워 일렁인다

사정없이 반복되는 채찍에 못 견디다
익숙해질 즈음
그 짓마저 시들해 마치면
제 중심 못 잡아 비틀대다

마디마디 아리던 아픔마저
달가운 그리움으로

찬 바닥 드러눕는다


김기진

1986년 88올림픽 호돌이 특허 및 다수 발명
키소 엔지니어링 위원
자유문예문인협회 부회장
2005년 자유문예 시 부문 신인상 수상

하석(何石) / 박찬구

# 눈물 빛 하얀 꽃

숨결 바람에 실어
신기루 같은 꿈결처럼
무지개 두른 하얀 꽃길

투명한 눈망울
아련한 안개로
저 너머 외로이 한숨 되어
차디찬 이슬로 덮어버리고

버림받은 서러운 바람
땅에서 생명 내어주고
내 님 사랑하시는
매화 피리라

흰 눈 고이 식은 풍경
쌓이는 눈송이처럼
피어난 매화꽃
바람에 꽃비 내려
흩어지누나

눈물 빛 하얀 꽃

# 내 작은 집

깊은 산골 외딴집
폭풍이 불어 닥쳐도
억수가 퍼부어도
폭설이 쏟아져도


변함없는 내 안식처


새소리 바람소리 들으며
걷는 길 자락에


긴 겨울 보내고
앙상했던 가지
긴 잠에서 깨어나듯
새싹이 얼굴을 내민다


땅속에서
푸른 싹 살짝 고개 내미는
곁에 작은 꽃송이
외롭게 피어 있다

세상 싫어 들어온
내 작은 집
믿음과 희망 사랑 심은
영원한 나의 안식처

何石 / 박찬구

2006 자유문예 시 부문 신인상 수상
자유문예문인협회 이사
2007 창작과 의식 시 부문 신인상 수상
대전문인협회 회원

이강/박혁

# 왠지 당신에게서는

왠지
당신에게서는
미소 뒤로 그림자가 보입니다

왠지 당신에게서는
호탕한 모습 뒤로 숨긴 듯 감춘 듯
옷깃을 여미는 애잔한 외로움이 있습니다

왠지 당신에게서는
활달한 발걸음 사이에
어쭙잖은 그리움이 숨겨져 있습니다

싸고
감추고
꽁꽁 묶고 또 싸매고
그래도 그대에게는 어두운 수줍음이 있습니다

그림을 그리고
다시 시를 쓰고
그래서 지치면 차를 달리고
자학 속에서 그대를 찾아들면…

왠지
젖은 눈망울 속엔
아직도 곰삭인 그리움이 남아 있음을
느끼곤 합니다

# 별이어서 좋았다

별이어서 좋았다
꽃이어서 좋았다
그리고 달을 닮아서 좋았다

눈동자 안에 하늘을 담고
가슴에는 아름다운 산쯤을 품었고

그대는
그대는 머리에
찰랑이는 비단결을 둘렀었다

무수한
꽃들이 서로 키를 재고
수없는 별들이
얼굴을 포갤 때도

그대는
그 속에 다만 홀로선 애타는 그리움이었다

하늘이
비로드 검은 천을 두른
아주 컴컴한 밤에도

빛나는 이여
아름다운 이여
그리운 이여
눈을 감고 있어도 보이는 이여

이렇듯
외로운 밤은
더욱 설렘으로 다가오는 이여

언제나 싱그러운
아픔으로만 남는 이여


**이강 / 박혁**

연세대학교 신학대학원 졸업
예수교 장로회 목사
2006년 자유문예 시 부문 등단
자유문예문인협회 이사

# 의사당 앞에서

우리는 늘
하나라고 외치면서도
둥그런 지붕 아래에는
천파만파 우당탕

열린 국회 말만 들었지
곳간 가득 민심 가둬놓고
쪽파 깔고 앉아
대파만 잡고 아옹다옹

트집거리가 없나
오늘은 잠잠하네

의사당 건너
형틀 목에 걸고 앉아
꽤 여러 날을 홀로 농성하는
저 사람 의중은 떠보지도 않은 채

# 숙련된 왕따

개띠 모임에
잔나비는 오지 말라네

동안을 미끼삼아
오팔 년 개띠로 속이고 따라갈까

아니지
재주 많은 원숭이가
어데 갈 데가 없어 개띠랑 놀아
둥구나무 아래로 원숭이띠 다 모여라

화랑 / 박근수

충남 공주 출생
자유문예 시 부문 신인상 수상
공저 시집 『아름다운 동행』『떨림』
전 자유문예문인협회 총무

# 몽환(夢幻)의 사랑

우리들의
뜨거웠던 사랑은
꿈이었나 보다

화려했던 나뭇잎
땅바닥을 뒹굴며
밟히고 쓸려
보잘것없이 사라지듯

활활 타오르는 불빛
온기 잃고 재로 남아
바람에 휘날려
허공 속으로 사라지듯
설움의 눈물로 잠이 든
꿈속의 사랑

눈뜨면 사라지는 애틋한
몽환(夢幻)의 사랑
겉으로 화려했던
볼품없는 사랑이었나 보다

# 밤바다

시린 가슴을 안고
밤 깊은 바다를 찾아간다

힘없이 밀려
소리 없이 부서지는
파도에 발 담그고

복받치는 설움
한잔 술에 섞어
잃어버린 영혼 위해
바다에 흩뿌리고

하얀 포말처럼
조각나버린 사랑에
가슴앓이 하는 날 버리려
밤 깊은 바다를 찾아간다

김종선
___

자유문예 시 부문 등단
자유문인협회 사무국장
일간 스포츠 사진전 우승
시집 「노을 속에 물든 그리움」

# 달래

봄볕은 등에 따스한데
저수지 바람은 손등을
시샘한다

보리밭이랑 사이로
개미허리 뽐내며
삐죽 올라온 초록 봄

호미로 조심조심
흙더미 젖히면
영락없이 튼실한
하얀 봄을 만난다

아침 식탁에
시큼한 겨울 대신
상큼한 봄을 준 너

# 고향 친구

찔찔 흘린 누런 콧물 훌쩍이다
뻔질뻔질한 소매로 휙 훔치며
해 가는 줄 모르고
꽁꽁 얼어붙은 저수지에서
온종일 팽이 치고 썰매 타고
가랑이 뻣뻣해진 바지
말리려고 잠시 모닥불 쬔다

봄에는 감꽃 꿰어 목에 걸고
하나 둘 따 먹으며
웃자란 밀밭 이랑을
쏜살같이 뛰어다니며
숨바꼭질한다

하늘 닮은 저수지에
발가벗은 아이들의 물장구
동네가 떠나갈 듯 깔깔대는
악동들의 웃음 타고
매미도 덩달아 시끄럽다

엄마 시집 올 때 가져왔다던
수놓은 가리개만큼 곱디고운
가을 단풍을 책갈피에
차곡차곡 담은 채
잊힌 세월 속에 그렇게
묻힐 듯했건만

손잡고 세월을 거슬러 뛴
반가운 친구 이름 석 자
함께 놀던 저수지 꽃밭 재
그 속에 너와 내가 살고 있다

설화 / 이근선

한국문인협회 회원
한국프뢰벨 강동지국 국장 역임
싱가포르 홀란드에서 홈스테이 운영

열정은 인간에게 최고의 힘을 낼 수 있게 만들어주는

악덕이자 미덕이다